精 神 论

王家辉

Dixie W Publishing Corporation U.S.A.
美国南方出版社

责任编辑：周景玲
封面设计：诚大成大

Jingshen Lun©2018 by Jiahui Wang

Published by Dixie W Publishing Corporation
Montgomery, Alabama, U.S.A.
http://www.dixiewpublishing.com

All rights reserved.

No part of this book may be reproduced in any form or by any electronic or mechanical means including information storage and retrieval systems, without permission in writing from the publisher. The only exception is by a reviewer, who may quote short excerpts in a review.

本书由美国南方出版社出版
▪版权所有 侵权必究▪
2018 年 5 月 DWPC 第一版

Library of Congress Control Number: 2018942299
美国国会图书馆编目号码：2018942299

ISBN-13: 978-1-68372-135-2
ISBN-10: 1-68372-135-7

作者简介

王家辉，1955 生于沈阳，祖籍北京。辽宁盘锦知青。辽宁电视大学机械专业。曾就职于沈阳自行车厂，技术科长。1996 年定居美国纽约至今。

自幼有兴趣哲学话题，在美国期间开始系统思考哲学问题。这期间系统地阅读了中国的传统书籍，如四书五经，道德经，庄子等等，也阅读了很多西方哲学著作，如康德《纯粹理性批判》，亚里士多德《工具论》《形而上学》，柏拉图《理想国》，黑格尔《小逻辑》《精神现象学》等。

特别钟情于认识论的问题。这是写作本书的原因。

序言

精神，应该分为哲学概念和科学概念。虽然二者联系密切，仍然区别很大。本书着重讨论其哲学意义。

"精神"，必将是永恒的话题。而所谓"永恒"，首先必须包含"现在"。或者可以说，所谓"永恒"，就是"现在"。通常说的"将来"，就是"将来的现在"。就是想说，"精神"是我们必须面对的话题。所谓"不以我们的意志为转移"。

有一点必须在开篇言明，本书只是在讨论"精神"问题，或者是提出关于精神问题的一些看法，并不是要"解决"精神问题。本质上说，"精神"是人类无解的问题。有人说"目能视人，不能自视"，是非常恰当的比喻，人们通过"精神（思维）"来思考和解释世间众多问题，却无法解释"精神是什么"的问题。这是人类思维能力的限度问题。

承认这个限度，是继续讨论"精神"问题的必要前提，而不承认这个限度，其实是无法将"精神"问题的讨论正常继续下去的。

本书所讨论的"精神",必须申明,并非"物质"。

许多哲学观点中,力主说明"精神是物质的表现形式",试图将"精神"归于"物质",这是很奇怪的。

比如唯物主义有著名观点"独立于人的意识之外的物质",这已明确表达为"意识不是物质",(或者"物质"不是"意识")。但是唯物主义理论又坚持"意识是物质运动的结果,精神是物质运动的最高形式",因此,唯物主义理论是无法解释清楚"精神"问题的。

只有将"精神"区别于"物质",才有可能将"精神"话题继续下去。而将"精神"归于"物质",只是想结束这个话题。

其次,说"永恒",也是在说这是一个永远也说不清楚的问题。比如,如果精神不是物质,那么精神是什么呢?实际上,我们除了说"精神"之外,不能再有其他类似定义的解释。

实际生活中,我们经常说"有精神",甚至使用"精神生活"的说法。因此,"精神"是我们生活中不可或缺的内容。尽管我们不能使用一段尽量短的文字来解释它。

从哲学出发,说不清楚的事情,仍然可以讨论。

实际上,哲学界从来不缺对"精神"问题的讨论，或者说，"精神"也是哲学界永恒的话题。

即便"精神到底是什么"的问题未能解决，哲学上也必须提出"精神"概念。

即在哲学上，"精神"是与"物质"相并列的而且是不同的，从某种意义上也可以认为"精神"是与"物质"相对立的。

"精神"与"物质"的对立，不同于物质之间的对立，比如"水与火"的对立等等。"精神"与"物质"的所谓"对立"，是哲学意义上的"对立"，哲学上的"对立"除了明确二者是"并列的""不同的"以外，包括强调"精神"不是"物质"。

而所谓"精神不是物质"，当然包括反推，即"物质不是精神"。

而"精神"与"物质"的"互非"，是二者关系在哲学上的"灵魂概念"。

这里必然引起争论。因为现实世界中，能够用"是"来指谓的，通常同时是实际"存在"的，而此处的"存在"一般是指的"物质性质上的存在"。

所以，必然产生"如果精神不是物质的，那么精神是什么呢？"的问题。"精神"是虚无吗？

当然还有很重要的一点：即便将"精神"理解为"物质的"，仍然还要面对"精神是什么？"或者"精神是什么物质？"的问题。即将"精神"归于物质并未实际解决"何为精神"的问题。

所以，无论基于何种理解，对"精神"的探讨都是非常必要的。

中国曾经非常流行过一句话"人总是要有一点精神的"。实际上,没有了精神,其实就不是人了。所以,"精神"对于人尤其重要。从"重要性"上说,精神是要超过物质的。精神重于物质。就是说,人们应该将"对精神的追求"摆在更高的位置,高于"对物质的追求"。从这个角度说,仍然必须认定"精神不是物质"。

本书虽然使用"精神论"书名,但实际内容也是在讨论"认识论"。笔者认为后面诸章对"认识论"的讨论,当然与"精神"问题密不可分,是讨论"精神"问题必须涉及的内容,或者可以认为,那也是对"精神"问题从其他角度的讨论。

目录

序言 v

第一章：精神概论

  1.1 精神的表现形式 1

  1.2 意识 1

    1.2.1 意识是精神的基础 1

    1.2.2 "意识"不是思维 3

    1.2.3 "意识"与"客体"的关系 6

    1.2.4 "认识"的本质 11

    1.2.5 关于"真实 26

  1.3 思维 31

    1.3.1 思维是什么？ 31

    1.3.2 思维的基本过程 32

    1.3.3 思维的产生 35

    1.3.4 思维的作用 38

- 1.3.5 思维的构成 53
- 1.3.6 关于"正确" 64
- 1.3.7 关于"证明" 74

第二章:"象"论

- 2.1 "盲人摸象"原文 83
- 2.2 "盲人摸象"寓言引出的问题 84
- 2.3 "盲人摸象"新探之一 85
  - 2.3.1 盲人摸到的是象,还是我们看到的是象 86
  - 2.3.2 我们其实并不知道盲人摸到的是什么 86
  - 2.3.3 我们常人的感知能力是有限的 87
  - 2.3.4 摸象过程中的"有"和"无" 89
- 2.4 "盲人摸象"新探之二 91
- 2.5 "盲人摸象"新探之三 94
  - 2.5.1 试论感知系统 94
  - 2.5.2 盲人的"摸"并不是我们的"摸" 97
  - 2.5.3 感知系统互不干涉 99
  - 2.5.4 关于感知系统的一些问题 99
  - 2.5.5 一个结论 101
  - 2.5.6 是否有我们的感知系统之外的感知能力? 102

2.6 盲人知盲乎？..................................... 103

第三章：存在论

3.1 "存在"绪论.. 105

3.2 "存在"的初步定义............................. 108

3.3 关于"存在"的一个误区..................... 108

3.4 问题是"不存在"................................. 110

3.5 "不在"与"不知"................................. 113

3.6 再论"不存在"..................................... 116

3.7 老子的"无"... 119

    3.7.1 "无"与"無"................................. 119

    3.7.2 "无"与"不存在"........................ 120

    3.7.3 "有生于无"................................. 123

    3.7.4 "有無相生"................................. 128

    3.7.5 关于"无为"................................. 133

3.8 "不存在"其实只能就是
    "未被感知的存在"............................. 141

3.9 已知物质之未被感知的部分.............. 143

第四章：实元论

4.1 "实元"初说... 147

- 4.2 关于"引力" 147
- 4.3 关于"力" 149
- 4.4 "实元"不是"力" 149
- 4.5 "实元"是什么？ 151
- 4.6 "引力"理论的问题 151
- 4.7 实元与场的区别 155
- 4.8 实元与道 156
- 4.9 "实元"将世间万物真正地"联系"起来 157
- 4.10 "实元"理论的哲学意义 159

后记 161

第一章：精神概论

1.1. 精神的表现形式

从人类的认识出发，精神可以分为三种表现形式：意识，思维，性格。

从"与精神相对应的存在"出发，精神则是可以对存在做出规定的一方。从"与存在相对应"的精神出发，只有在（由精神）做出规定之后，存在才具备其一般意义。或者，如果没有精神对其做出规定，那个（连名称"存在"都没有的）任意的实在对人类并没有任何意义。

精神的基础是"意识"；

精神的主体是"思维"；

精神还有"性格，情感，记忆"等表现形式。

1.2. 意识

1.2.1 意识是精神的基础。

意识是精神的基础。

精神论

可以认为"意识"是精神活动的基础，即必要条件。没有"意识"，精神活动就无法进行。

科学中对"意识"有比较严格的定义，或者已经规定出了很清晰的概念。但是，科学（比如医学）中对"意识"的解释是以"意识是人体器官的活动"为基础的。因此科学中的"意识"实际上是"人体的活动"，这样的解释直接导致"意识的本质是物质的"的结论。这个结论与哲学中的"精神"完全相反。从这种科学观念出发，"意识"就是"物质"的，而不是"精神"的。

而科学中对"意识"的解释，甚至只能延伸为"精神也是物质的"，而直接导致哲学讨论无法继续下去。

意识甚至可以经由专业手段得以"观察"到。因此，意识的这个重要特点，使很多人据以断言"意识"是人类（脑部）的细胞组织的活动结果，他们中也有人推论，"意识"的本质是物质的。

然而，虽然很明显，至少可以看到，"意识"是与人脑的细胞组织的活动有着密切的关系。但是，还是不能由此断定"意识就是人脑细胞组织活动的结果"，如果从"证明"的角度说，就是"证据"

是不够充分的，因此尚不能宣布证明成功。

从这个角度说，"人脑细胞的活动"是"意识"的必要物质条件，却无法得出结论"人脑细胞的活动就是意识"。即"意识"必须伴随"人脑细胞的活动"，但"人脑细胞的活动"还不是"意识"，或者不是"意识的全部"。

所以，无论是否承认科学中对"意识"的解释，都必须明确：意识是精神的，不是物质的。

我们必须在这个基础上建立"意识是精神的基础"的概念。即"意识"并不是"精神"的物质基础，所谓"意识是精神的基础"只是我们对"精神"的一个解释，目的是为了更清晰地解释"精神"。

1.2.2 "意识"不是思维

"意识"其实不具备"思维"的任何特征，所以，可以说，"意识"不是"思维"。

或者应该将"意识"归于"眼耳鼻舌身"的作用过程。

比如"恐惧""欢乐""愤怒""忧郁"这些都应该归于"意识"的范畴，引起这些"意识"发生的原因，即便有时会涉及"思维"，但都必然与"眼耳鼻舌身"相关，很多情况下，不必有思维内容就可以发生。

比如"味道"，只要一闻，随即产生某种"意识"，是很自然的。

所以，颜色，（口）味道，声音，皆如此。至于"身"的部分，因为要实际碰触人的身体，人会有各种"意识"产生作为"反应"，更是必然的。

所以，一般说，"意识"是人类由于感官功能所"感受"了之后的"反应"。从反应的发生过程看，许多情况下，"意识"的产生会快于思维。很多"意识"的发生过程并不伴随任何思维。

所以，可以确定，"意识"与"思维"是不同的，它们发生的原因，过程以及结果都不同。尽管"意识"与"思维"有着千丝万缕的联系，我们还是可以找到证据，证明它们的不同。

如果认为"意识"与"思维"紧密相关，我还是愿意将"意识"与人的生命过程联系起来，就是说，"意识"与人的生命过程的关系更密切。

比如"神经"，医学上有区分"动物神经"和"植物神经"。"动物神经"是所谓接受人脑支配的，而"植物神经"是不受人脑支配的。那么，

第一章：精神概论

"植物神经"的作用原理该如何确定呢？医学上的解释是：人的本能。我还是愿意将"本能"归于"意识"。所以，就可以有"植物意识"和"动物意识"。从这点出发，认为动物和植物都有"意识"的没错的。

有人会问，如果动植物都有了"意识"，可否进而推论世间万物皆有"意识"呢？

至少，这是可以成立而且可以讨论下去的问题。

哲学上，通常将"意识"的作用归纳为"意识可以反映客观物质"。

我并不十分清楚"反映"一词的严格哲学意义，但我也不反对使用"反映"的概念。

即人们对所谓"客观世界"的认识，最基础的部分就是"意识对客观世界的反映"。有了这个"反映"，才有接下来的所有对客观世界的各种观点。

而说到"反映"，自然要涉及"反映"到底能达到什么程度的问题。

从"反映"的概念出发，就可以认为"意识"是人的一种"能力"。

但是，最重要的是，人的反映世界的能力是

"有限"的，不是"无限"的。（而人的所有"能力"都必然是"有限"的）

1.2.3 "意识"与"客体"的关系

因为说到了"反映"，所以觉得可以将这部分在此做以讨论。

在讨论"意识反映客观世界"的问题时，哲学上会称此时的"意识"为"认识主体"，而称被意识反映了的客观世界为"认识客体"。因此而衍生出"主观"和"客观"的概念。

其实将人们认识世界的过程划分为"主体"和"客体"，虽然实用上有它的意义，但是实际上"主体"和"客体"的概念中不可避免地带有瑕疵。

现在的哲学观点中的说法"客观世界是独立于主观世界之外的，不以主观世界为转移的"。

按照这个观点，"主观"和"客观"是完全分离的两部分，无论"主观"是否反映了"客观"，"客观"与"主观"实际上并无任何关系。说简单些，就是没有"主观"，"客观"依然实际存在着。

这样的话，这个"主观"就不能同时也是一种"客观存在"了。即"主观"不是"客观存在"。

第一章：精神概论

这样，则已经违背了前面曾经提到的"意识是物质活动的结果"的结论。

而实际上，"主观不是客观存在"这句话也是非常别扭的，许多人会坚持这个说法，却很难解释清楚它。

我们既然给出了"主观"和"客观"的概念，所以，"主观"就不能同时又是"客观"，否则就叫作"违反逻辑"。（"A"不能同时又是"B"）

其次，如果"主观"不是"客观"的，它是什么呢？

许多人坚持的"独立于意识之外的客观世界"，这个"意识"之外是"客观世界"，那么这个"意识"之内是什么？因为给了"之外"的说法之后，等于给了"意识"以空间上的意义，而有了"空间上的意义"的，如何又"不是客观"呢？

所以，"主观""客观"的逻辑上的矛盾是明显的。因此，只能非常谨慎地在相当严苛的条件下，才能实际使用"主观""客观"的概念。并不能随意随时使用它们。

a）"意识"不是"客体"。

这是我要强调的观点。必须弄清楚这一点之后，才能弄清"意识"的概念，以进行其后的讨论。

就是说，许多人试图找到根据，以证明"意识"的物质属性，但从哲学上理解，这种努力根本无论如何不能解决问题，不能解决"意识与客观世界的关系"这个问题。因为这个问题之所以能够提出来，前提已经限制在了"意识不是物质"。你不能一边在讨论"意识与物质的关系"，另一边却又在努力证明"意识是物质的"。

虽然可能仍然不能用一段非常清晰的叙述来说明"意识不是客体"，但是实用上我们必须确定它，否则，所有哲学上的讨论都无法继续。

b) "意识"必须与"客体"同时存在。

许多人比较容易接受"没有客体就没有意识"，却不能接受"没有意识就没有客体"。

之所以前面曾经说"主客观"的说法是有明显瑕疵的，症结就在这里。

我们所有关于"主客观"的论述，其实"主客观"都必须同时出现，缺一不可。我们并不能实际去讨论任何所谓"离开主观的客观"。因为只要我们一开口说"客观"，我们自己的"主观"就已经在了。

第一章:精神概论

反过来,"意识"也不能脱离"客体"。

至少,我们只能承认,"意识"与"人脑细胞的活动"有着必然的联系,就是说,我们只能承认,"人脑细胞的活动"是人类"意识"的基本条件,失去这个条件,"意识"就不能存在。

所以,所谓"主体""客体"其实就是一个事物的两个方面。是这两个方面构成了所谓"事物"。单独强调一方面是没有意义的。

c) 问题的另一面。

既然"主体不是客体",却又要"同时存在",这怎么解释?

这就是我前面曾经提到的,"主客观"的提法虽然有它的实用意义,却不可避免地存在瑕疵。

为了进行有实质意义的讨论,我们也只好先搁置对瑕疵部分的争议。

所谓问题的另一方面,其实是想说:

既然"客体不是主体",那么,"主体"到底能够在什么程度上"反映客体"?

从实际上看,我们所说的所有"客体",都必须是"已经被我们的意识反映了的"。就是说,我们并不能对所谓"尚未被反映的客体"有任何描述。

精神论

许多人会说："你不知道的东西，未必就不存在"，而实际上。这种"未必就不存在"的描述其实也是没有意义的，就是说，这只是我们自己的某些看法而已，并不是对那些"我们不知道的东西"的描述。

就是说，当我们的"意识"尚未做出任何"反映"时，我们不能对那些所谓"尚未被反映"的客观世界有任何文字（语言）上的描述。

反过来，就是说，我们只能描述"已经被意识反映了的客观"。

所以，我们所讨论的所谓"客观"，其实是无法包括"尚未被意识反映"的部分的。

到目前为止，我们实际对"意识尚未反映的客观"的全部描述就是"不存在"。

所有关于"不存在"的争论，虽然还是可以争论下去。但是实用上我们仍然还只能这样使用"不存在"这个概念。否则，我们还能找到更合适的词汇吗？

所以，有必要重新审视"意识对物质的反映"：

所谓"物质"，必然包括"可被人类意识反映"与"不可被人类意识反映"两个部分；

即便是已经被人类意识反映了的物质，当然也应该包含"不能被人类意识反映"的部分；所以，

第一章：精神概论

真正应该仔细讨论但又难度超高的，是如何理解"不能被人类意识反映"的部分。

实际上，人们是将"未被人类意识反映"的部分称为"不存在"的。

而这部分的详细讨论，我会单列一章来进行。

1.2.4　"认识"的本质

我们通常概念中的"认识"，首先是源于"意识"。所以，这段其实可以写成"意识的本质"。

我觉得，这里要讨论的"本质"，应该理解为处于"认识"和"意识"之间，或者也可以说是"认识的初始阶段"。似乎有点将问题复杂化了一点，但我还是认为作为"认识"来讨论更符合我的本意。

我们先来看"声音"。

所谓"声音"，就是出自"声源"的那种运动在"耳朵"中的反应效果。科学是解释为耳朵中的鼓膜振动而使人产生"声音"的反应。

所以，从"声音"发生的实际过程看，应该是先有声源的运动产生，再由耳朵接收到并且产生鼓膜的振动，而使人产生了"声音"的效果。

那么,从实际效果看,如果没有耳朵(人的听觉能力),"声音"并不能产生。即便此时"声源"的运动已经产生。当然,我们也一定会说,没有声源,就一定没有声音。所以,我们只能结论:声音是声源的运动与耳朵的工作共同的结果,声源和耳朵缺一不可。

从这个意义上看,就不能简单地结论说"声音是独立于人之外的客观存在"。

因为在未到达耳朵之前,那只是"音源的运动",这个"音源的运动"当然是独立于人之外的客观存在,但这个"音源的运动"还不是"声音",至少还不是我们人类能够听到的那种"声音"。

这里应该加一句:我们在本书中所讨论的"声音",仅指人类依靠自己的听觉能力而产生的"声音"。

如果我们断定"音源的运动是独立于人之外的运动",那么就是说,这些运动是无时无处不在发生的,而只有实际作用于我们的耳朵并使鼓膜振动的那些"音源的运动",才被我们称为"声音"。当我们界定了"声音仅是我们人类依靠听觉能力而感知的"之后,其实,此时的"声音"就仅指"我们人类可以依靠自己的听觉能力而感知到的声音"了。此时我们所说的声音,并不包含世间全部"声

第一章:精神概论

源的运动",只能包含"我们实际听到的"那一部分声源的运动,而且,只有这一部分"声源的运动"与我们所说的"声音"有关,除此之外其他的"声源的运动"我们因为听不到而不能做任何描述。

如果我们接受上面这段分析,其实我们可以结论,我们的"听觉能力"才是"声音"的决定因素。

正因为如此,我们才能确定,丧失听觉能力的人是"生活在无声的世界里"。

而如果我们认为"声音是客观存在的,独立于人的感知能力之外",我们就不能说"失去听觉能力的人是生活在无声的世界里"了。我们经常会说"你听不到的声音,不等于那个声音不存在"。

从这个分析中可以得出结论"我们实际听到的,才是声音",也因此应该加上"我们无法听到的,就不是声音"。

这可能与好多人的观念发生冲突,但其实不是那样,冲突并未发生,我只是从一个更合适的角度来叙述这个问题而已。

其次,我们再继续对"声音"进行仔细的分析:

上面是从"运动"角度对"声音"进行的分析。但实际上,人们对于"声音"的感知过程不仅如此,人们不仅能"感知"到声音的产生,还必然产生关于"声音"的概念(就是"认识")。

实际上,对于人类真正有意义的是"关于声音的概念",有了这些概念,我们才可能在这里进行关于"声音"的讨论。如果没有这些"关于声音的概念",我们就无法进行任何关于声音的讨论。所以,我们仍然必须对"关于声音的概念"的形成过程作适当深入的讨论。

在人们对于"声音"的认识过程中,仅有"感知"过程是不够的。必须进一步形成关于声音的概念,比如,我们称我们耳朵所得到的这种反应效果为"声音",此时我们给出的这个名字(定义)"声音"其实必须是一个已经形成的"概念",此时我们所说的所有词汇"声音",并不是我们曾经叙述过的那个"声源运动在耳朵中的反应"。而是一个有着确定意义的概念。

如果我们接受"声音概念"这个叙述,就应该继续进行探讨,这个"声音概念"是怎么形成的。

如果我们认为"声音概念"不是在"耳朵的反应"时刻产生的,就是说,"声音概念"是在"耳朵的反应"之后产生的。

但是,所谓"在耳朵的反应之后产生",就是

第一章:精神概论

说,我们实际形成"声音概念"的时候,"耳朵的反应"已经结束(或者已经消失),那么,我们是怎么形成这个"声音概念"的呢?

人们形成"声音概念"过程中所依据的是人们另外形成的"声音记忆"。即人类在"感知"的过程中,同时也在"记忆"。人类除了具有"感知能力",还有"记忆能力"。人们可以将全部感知过程记忆下来。

所以,实际上,对人类思维真正有意义的是"记忆"。此处就是"声音记忆"。

人们的"记忆能力"非常奇妙,它可以随时将人类几乎全部的"感知内容"记忆下来。比如"声音",除了我们通常所说的"声音"(音量)之外,还包括"音色""方位""何种声源"(比如那种乐器)等等。

这样,当人们形成"声音概念"时,实际上所使用的素材,完全都是来自"声音记忆"了,与当时实际发生的那个声音(声源运动在耳朵的反应)已经没有关系了。或者说,当进入"声音概念"程序后,就完全是人脑实际的工作了。

此时,不仅人们使用的完全是"声音记忆",人们经过思维所形成的各种概念等等,也都是围绕"声音记忆"的。或者说,在这种情况下,所谓

"声音",其实已经完全脱离了那个"客观存在的声音",而完全依靠"声音记忆",也完全围绕"声音记忆"。而实际成为"人类的思维活动"。

这样,我们就再进一步结论:声音(声音概念)的产生,完成于人类的思维结果。作为这个"思维结果",实际上与本来客观产生的那个"声音过程"已经完全没有关系了,而只与人类的"记忆"和"思维"有关系。

而我想说的,这个后来才完整形成的"声音概念"的过程。才是所谓"认识的本质",而前面所叙述的"感知过程"当然还不是"本质"。

我们再来看"形象":

"形象"就是视觉效果。是我们通过眼睛所观察到的。

人类有五种感知能力(眼耳鼻舌身),通常,"视觉"是人类最先感知到的结果。因此"视觉"对于人类来说是第一重要的。也只是因此,我们要把它排在第一的位置来进行叙述。从前面关于声音的叙述看,对于"形象",反而很难进行相同程度的叙述。比如,"形象"的来源是什么呢?,它比"声源"似乎难叙述一些。因此,我先从"声音"

第一章：精神概论

开始。

与"声音"的情况一样,我们必须"看到了",才会产生"形象"反应。看不到的,就不会产生"形象"反应。因此,盲人是没有任何"形象"概念的。

世间的各种物质中,我们只能对可以看到的物体(或者已经看到的物体)产生"形象"反应从而建立"形象"概念。

人们通常会说:你没看到的东西,不等于没有形象。但仔细分析一下,人们在做这个结论的时候,其实还是以"已经看到的各种物体"为判断条件的。即在这个判断中,所谓"你没看到的东西",其实是仅限于"你(个人)"没看到,并不是说"所有人都没看到"。即"虽然你(可能很多人)没看到,但还是有些人看到过"。人们所说的"物体",一定是对于人类来说是"可视的物体"。

所以,可以这样定义:形象,就是可以(已经)在人类的视觉能力下,为人们的视觉能力所感知的结果。

从这个定义出发,可以说,可以(已经)被人类的视觉能力所感知的，就有"形象"；而没有（尚未）被人类的视觉能力所感知的，就没有"形象"。

所以，所谓"物体的形象"，只能是以人类"可以看到"为条件，而且是唯一的条件。这与"声音"的情况是一样的。

其次，与"声音"的情况类似，就是我们必须建立"形象概念"。

"形象概念"的建立当然只能依据人们的"形象记忆"。即人类具备"形象记忆"的能力，在"视觉形象"产生的同时，人类会随即将这些"感知效果"完整地记忆下来。从复杂性上说，人们对于视觉效果的记忆应该比对声音的记忆复杂得多。即人类对于"形象"的记忆可以精细到几乎无限复杂的程度。而且人类对于形象的记忆，当然包括时间因素。即人类会对同一物体做不同时间的不同记忆。比如"手指"，每天看到的同一手指，当产生不同的形象效果时，我们的视觉记忆系统会立即进行记忆，这个记忆当然包括这个记忆发生的时间。这其实是一个非常奇妙的过程。奇妙到我们甚至无法进行清晰的语言描述。

第一章：精神概论

当"形象记忆"完成后，人们的"视觉效果"其实就退出思维的领域。以后人们对于"视觉形象"的所有思维过程，仅围绕"视觉记忆"来进行了。

所以，我们实际所做的所有关于"视觉形象"的思考以及讨论，都只是围绕我们的"视觉记忆"来进行的。与我们的实际"视觉观察过程"无关。此处所说的"无关"，当然是指的与"已经发生过了的那些视觉观察过程"无关，而且这些"视觉观察过程"的结果已经作为"视觉记忆"保存下来。

我们可以很明确的结论：我们不可能对"已经建立了视觉概念"以外的任何物体进行"其视觉形象"的任何思维。就是说，我们对"无法建立其视觉概念"的物体，甚至连"我们不知道它们是什么"这样的概念都没有。就是说，我们对那些"无法建立视觉概念"的物体是没有任何语言描述的，连"不知道"这样的描述也没有。

所以，从逻辑上说，"无法建立视觉概念的物体"这句话是不通的。但是，没有办法，我们只能先这样进行叙述，否则，就不能进行正常的讨论了。只能先不去计较这个语句的逻辑瑕疵了。

与"声音"相比，"形象"比较难理解的是

"形象的源"（相对于"声源"），但实际上"形象"也是有"源"的，为了使讨论顺利进行，就不再细致讨论那个"形源"了。但是，结论还是必须界定：任何"形象"，都只能以人们"看到"为准，我们所做的所有关于"形象"的讨论，都必须依据我们已经形成的"形象记忆"。

对于人类来说，所谓"视觉形象"，全部意义都在于"形象"的建立。从这个意义上说，不能在人类的视觉感官中建立起"形象"的任何客观存在，即没有任何"形象"意义。如果人们坚持"眼见为实"的话，"眼不能见"的就无法为"实"。

人类已经发明了许多技术，使得许多用肉眼无法看到的物质运动形式可以借助这些技术手段而间接观察到，比如超声波等。对于这些情况，如果使用哲学定义，就不能认为这些是"视觉形象"，这些只是人类借助技术手段对这些无法看到的物质运动的感知效果，重点在于这些"感知效果"都不是"视觉效果"，因此都不是"形象"，在日常的各种"感知"中，没有"形象"效果的情况很多，比如"声音""味道"都是没有"形象效果"的感知过程。

除了"听觉"和"视觉"之外，人类还有"嗅

第一章：精神概论

觉""味觉""触觉"的感知能力。

在讨论了"听觉""视觉"之后，其他三种感知能力的情况就不必再做重复相同的讨论了。

人们的"意识"，是基于"感知"的产生而产生的，有时也可以将"感知"归于"意识"。

现在可以结论：所谓"意识的本质"就是"人类对世界的感知过程"。

再直接一些表述：人类对世界的感知产生了意识。或者也可以认为，人类对世界的感知转化为意识。

从这个结论看，"物质"并不是"意识"。

而问题的重点在于，我们是否可以区分"已被感知的物质与未被感知的物质"？

实际上是不能的。即人类并不知道所谓"未被感知的物质"。通常，人类只能将所谓"未被感知的物质"归于"不存在"。也正因为如此，人类不能实际区分"已感知的物质"与"未被感知的物质"。说得浅白一些，人们当然不能区分"存在的物质"与"不存在的物质"，人们通常的理由就是"因为不存在"。

这样，所谓"意识是对世界的感知过程"，就

精神论

意味着:

没有"物质",就没有"意识",即物质是意识的感知对象,尽管我们可以将"物质"独立于"意识",但双方是互为存在条件的。如果没有物质,"意识"也失去其实际意义,我们可以称这种情况为"没有意识"。

问题并未结束,似乎上述结论就是在宣称"物质第一,意识第二"了,其实不然。

问题当然在于"互为存在条件",接下来的推论就只能是"未被感知的物质,就不是物质"。

实际争论的焦点即在这里,为何"未被感知的物质"不是"物质"?众人皆认为不能这样说。

问题当然在于我们是在做哲学讨论,我们所做的所有"论述"都必须是"哲学论述",而不是普通民众的街谈巷议。

因此,哲学意义上的"未被感知的物质"是什么"物质"呢?

从哲学意义出发,既然我们已经接受了"无物质即无意识",就只能同时接受"无意识即无物质"。

很明显,前面结论中的"无物质"是什么意思

第一章：精神概论

呢？

或者，我们是否必须接受这个结论中的"无物质"就是"未被感知的物质"呢？

所以，现在我们姑且接受"无物质"并不是"未被感知的物质"。

那么，在我们"已感知的物质"之外，就存在两种情况，一种是"未被感知的物质"，另一种是"无物质"。

但是，很明显，我们是无法对这两种情况进行区分的。我们并不知道"什么是尚未被感知的物质"，当然也更不知道"什么是无物质"，所以，将"已被感知的物质"之外的情况做这两种情况的论述是没有意义的。

举一个简单的例子：我们认为某处无人，就不能再结论说某处还有"尚未被感知的人"，这没有意义。我们说"某处没有东西"，就不能再结论说"某处还有尚未被感知的东西"，这没有意义。我们当然更不必去论述"某处还有尚未被感知的东西与无东西两种状态"，这没有意义。

我们寻求对"物质"和"意识"进行所谓"哲学定义"，就已经在宣布了所有这些"定义"都是有限的，不是无限的。所谓"有限"，就是只对于我们人类有意义，只是用于我们人类的需要。

所以，我们所说的"物质"，只是为了我们人类的需要，我们当然不能去设想这种"物质"对于其他"物质"是否还是我们已经定义了的物质，比如各种动物，它们会有与我们人类相同的"物质"概念吗？不必要也不可能。

同理，"意识"也是一样，此处的"意识"，只对我们人类有意义

经过了这样的分析之后，可以看出，从哲学意义出发，与其说"物质第一，物质重于意识"，毋宁说"意识第一，意识重于物质"。

或者，当已经完全叙述清楚它们之间的关系之后，就没有必要一定要分出先后了。相当于"蛋鸡孰先"的争论一样。

这里好像应该再赘述一下："物质"是什么？

从上述讨论中，其实已经可以这样结论：物质即已被人类感知的那部分世界。

这里真正产生激烈争论的，只是"未被感知的那部分世界"到底是不是"物质"呢？

至少有一个观点是人们普遍接受的：我们不能确定未被感知的那部分世界是不是物质。

这里，"未被感知"与"不知道"本是意义相

第一章：精神概论

同的描述，说得简单一些，"我们不知道那个未被感知部分世界"其实就是在说"我们不知道那个我们不知道的部分世界"，各位觉得我们有必要这样做叙述吗？这当然是一句没有任何哲学意义的叙述，连常人也不会这样说。

所谓"未被感知"，不过是我们"不知道"的另一种叙述而已。所以，"我们不能确定那些'我们不知道的部分世界'是不是物质"其实是没有意义的。

其次，我们所欲描述的"无物质"（或"非物质"）当然是我们"不知道"的。我们不可能知道"什么是'无物质'（非物质）"。

所以，如果我们一定要接受这个叙述："我们不能确定'未被感知的部分世界'是不是物质"。就相当于说"我们不能再使用'无物质'的概念了"。

如果我们"不能确定'未被感知的部分世界'是不是物质"，因此，我们就当然不能确定什么是"无物质"。因为我们当然也不可能知道什么是"无物质"，如果我们并不知道"什么是'无物质'"，我们根据什么确定"XX 是'无物质'"呢？这里的逻辑问题是非常明显的。

或者可以这样说：我们如果不能确定"XX 是物

质",我们就也不能确定"XX 不是物质",这两个"不能确定"是必须同时产生的,而不是"如果'不能确定是',则'即确定不是'"。

按照这样的分析,当然应该可以结论:"物质"就是已被感知的那部分世界。

而"已被感知的部分世界"之外的部分,该怎么界定呢?其实已经没有其他的界定方式了,那部分就是所谓"无物质"的部分。尽管人们还是会说"那不一定"。

经过以上的分析之后,其实已经说明,所谓"无物质",与"尚未感知的物质"其实是等效的。

所以,并无必要去假设"无物质"与"尚未被感知的物质"这两部分,在实际处理上,只能将这两部分合而为一,而称其为"无物质"即可。

1.2.5　关于"真实"

人们有常言:眼见为实。是在说,亲眼所见才是真实的。也是在说,我只相信我亲眼所见的。

这里显然存在一个问题:我们亲眼所见的,是"真实"的吗?

第一章:精神概论

这里必须先确定一个概念,就是"怎样才算真实"?

比如一幅雕像,对于一个具体的个人来说,在同一时间,他只能看到这个雕像的某一部分。当然,就其所见到的部分来说,他所见到的当然是真实的。但是如果我们认为对于雕像来说,一个人所见到的那一部分,还不能足以"真实地"反映全部雕像,所以我们会认为他所见到的"是不够真实的"。

所以,所谓"真实",有两方面的含义:一是我们所见到的,都是真实的;二是当我们所见到的,达到足够充分的程度后,就是真实的。

从这个叙述中可以看出:我们所说的"真实",必须以人们"见到",为基本前提(必要条件)。

就是说,我们所说的"真实",其实仅限于"人们的感知能力限度之内"。

这样,从"意识"的概念出发,只有人类的意识能够反映的,才谈得上"是否真实"的问题。

为了尽量不使讨论复杂化,这里只用"看"来代表全部感知能力。

对于具体的个人来说,他没看到的,就是不真实的。对于人类来说,从来没有人见过的,就不是真实的。

所以,这里的"真实"是相对的。有条件的,就是仅对人类而言。而在这里"仅对于人类而言"已经足够了。我们并不需要判断"对于其他物质而言是否真实"。

很多人会对于"没看到的,就是不真实的"这个判断有疑问。这是很正常的。因为大部分人都不会从哲学角度去思考问题。也正因为如此,我们也并不需要对所有人进行解释"为什么没看到的就是不真实的"。

当我们确定了"看到,才真实"的判断之后,就可以继续讨论"看到的,都是真实的吗?"的问题了。

就是说,虽然我们可以确定"没看到的,就是不真实的",而实际上,我们看到的,未必都是真实的。

举一个例子:比如一座雕像。
当你只看到雕像的手时,对于"雕像的手",

第一章：精神概论

当然是真实的。但是对于整座雕像来说，还不够真实。就是说，"雕像的手"只是雕像的一部分，不能说那就是整座雕像。从雕像的意义上说，"雕像的手"并不是"雕像"，因此，对于"雕像"而言，"雕像的手"即"不够真实"。

这种情况在实用上，比较明显的是身份照片。比如许多国家都要求民众所提供的照片，必须包括双耳，不能戴眼镜等等。就是说，照出一只耳朵的照片，对于这些专业要求来说，是不够"真实"的，他们并不能根据照片做出"即是此人"的判断。

一般说，只要看到足够多的部分，我们就可以断定所看到的"已经足够真实"了。

那么，我们可以做到看得"绝对真实"吗？（或者叫"完全真实"）

这是哲学上的另一个问题。

比如还是用那个雕像的例子。我们当然认为，实际上的确存在着一个"完全的雕像"，而我们可能看到那个"完全的雕像"吗？

一般说，这个雕像的制作者，即那个雕塑师，他应该是了解"完全雕像"的人，或者，我们只能确定他所了解的雕像是最完全的雕像。

精神论

那么,其次呢?除了雕塑师之外,还会有人可能了解"完全雕像"吗?,理论上说,是不可能的。就是说,如果以雕塑师所了解到雕像为"完全雕像"的话,除雕塑师之外的所有人都不能了解那个"完全雕像"了。

经过这个雕像的例子之后,其实我们应该已经看到,如果是一个自然界的任何物体,对于这个物体,是没有人可以了解它的全部面貌的。因为没有人是它的制作者。无论我们使用怎样的手段,我们对这个物体的了解,只能逐渐接近它的全貌。或者,我们只能无限接近它的全貌,因此,实际上我们是无法实际到达那个终点的。

这样,我们是否应该结论,对于世上所有物体,我们其实是统统无法得知它的"全貌"的,我们实际能够做的,只是尽我们的能力,尽可能多地了解它们的面貌。而实际上,我们只能以我们所了解到的"最多的"那个"了解"所得知的"面貌"为"最真实的面貌"。

这样,当我们再回头看一看,本段所讨论的"真实",大概可以这样叙述了,我们所了解的(看到的)任何物体,无疑都是"真"的,只是无

第一章：精神概论

法做到完全的"实"。正因为如此，我们所讨论的"真实"，就只能是相对的，不能是绝对的。

问题讨论到这里，其实我们仅涉及了世间万物中我们"能够感知"的部分。对于这部分，我们是可以讨论"它们的真实面貌"的问题，而对于世间万物中我们无法感知的部分呢？我们对那部分是不能有任何描述的。那么，我们是否还可以对那部分做任何讨论呢？

实际上，现在人们概念中的"真实世界"，其实是应该包括"已知的部分"和"未知的部分"的。经过上面的叙述之后，那个"未知的部分"就只能要划上问号了。对于这个问题，我会在后面的"存在论"一章中详细讨论。

1.3 思维

1.3.1 思维是什么？

思维是人类独有的能力。

思维是人类之所以成为人类的唯一特征。

如果认为意识是精神的基础，那么思维就是精神的主体，思维是精神的最重要的部分。

所有关于精神的讨论中，其实大多数在讨论思维，许多时候，甚至可能二者不加区分，将思维直接作为精神进行讨论。

中国有古话"心之官则思"。这句古话非常著名。

古话中的"心"应该就是我们现在讨论的"精神"，而"思"就是我们讨论的思维。

古话的直接解释是说"心的基本功能是思维"。

思维的基本内容包括：分析，归纳，推理，判断，决定，等等。

思维的作用是"指导人类的行为"。"思维指导下的行为"才是"人的行为"。

前面谈到意识时，谈到"植物意识"和"动物意识"，在没有思维介入的情况下，这两种情况可以与植物和动物相比较。而"思维指导下的行为"就无法再与植物和动物进行比较，而成为人独有的行为，称为"人的行为"。

狭义上理解，没有思维的指导，则不是"人的行为"。所有"人的行为"都必须由思维指导。

如果将人类的行为分为感性和理性两个部分，

第一章：精神概论

感性的部分有时是可以脱离思维的，理性的部分则必须具备思维过程。

1.3.2　思维的基本过程

思维的过程的确与"物质"（人的大脑）有不可分割的关系。直接证据是"脑死"后人就没有思维了。但是，思维到底是一个怎样的过程？其实至今仍然没有足够清晰的证据。许多人认为思维就是大脑细胞的某种工作过程，在电脑出现之后，更多的人接受了"大脑细胞的工作而产生思维"的结论。他们认为电脑的工作过程从某种程度上再现了人脑的工作状况，因而"证明"了思维是人脑细胞的工作过程的推测。

我的观点是，或许人的思维过程的确与电脑的工作过程有某种程度的相像，但是，并不能因此宣称"证明"成功。而人脑的工作过程绝对比电脑的工作过程复杂得多。而电脑的工作过程充其量也只能是"与人脑的工作过程有某种程度的相像"，这当然不能作为"证明"成功的证据。

同"意识"的情形一样，"思维"是精神，不是"物质"，这是我们将其作为一个哲学问题提出来加以讨论的前提。如果把所有的努力都放在"证明"思维是物质运动的结果，根本就是在推翻这个讨论得以进行的前提条件，这没有任何意义。

所以，即便接受思维的过程必然与人脑的工作过程有必然的关系，也只能确定，人脑的工作过程是思维得以进行的必要条件，而不能直言人脑的工作过程就是思维的过程。

或者可以这样说，我们一般所言"人脑的工作过程，实际上指人脑的细胞等人脑组织的活动（工作）过程"，而我们所欲界定的"工作过程"，只是指的人脑的工作过程的可以进行"物理状态描述"的部分。所以，这部分当然不能是"思维"的全部，最多只是部分。即便接受"思维即是人脑的工作过程"，"人脑组织活动的物理过程"仍然只是人脑工作过程的一部分，并不是全部，因此不能直接断言"人脑组织活动的物理过程"就是人脑工作过程的全部。

所以，所谓"思维的过程"可能是一个人类永远无法用语言描述清楚的过程。

一位不太出名的哲人说过"目能视人，不能自视"。应该可以用来解释"思维过程"的情况。人们可以通过"思维"去思考一切问题，但是却不能

第一章:精神概论

通过思维去思考"思维是怎么回事"的问题。

话虽如此,却仍然不能阻止人们的思考,人们还是非常坚定地要思考这个问题。

所以,我的观点是,虽然人们已经知道"思维"是无法通过思维搞清楚的问题,但是由于"思维"的本性,人们仍然愿意去思考它,似乎应该理解为,上天将"思维能力"赋予了人类,就同时也赋予了人们"非要去想那些根本想不清楚的问题"的欲望。想入非非,是人类思维过程的必要内容。

如果一定要将"思维"规定为一个"过程",人们实际能够做到的,就只能限于了解这个过程中的"物理状态"的部分。因为人们的物理知识是一定要将所有的物理现象规定为"一个过程",而以这个过程中的物理内容为这个过程的"内容"。

所以,必须弄清两个问题:

其一:如果界定这个"过程"是必须充分具备物理内容的话,"思维"就不是我们一般理解意义上的"过程"。

其二:我们无法描述的部分,其实就是我们能描述的"过程"的以外的部分。

所以,如果坚持使用"过程"概念,就只能认

为:"思维"是表现为"物理过程"和"非物理过程"的综合的过程

1.3.3　思维的产生

所谓"思维产生"可以有两个意义:

其一,人的思维能力最初是怎样产生的?

按照"进化论"理论,人是由"人前动物(类人猿)"进化而来的。达尔文找到了许多相当重要的证据,因而提出了他的"进化论"。

但是,达尔文的"进化论"理论,丝毫没有解释人的"思维能力"与进化过程的关系,或者,"进化论"理论并未解释人的思维能力是怎样产生的。注意,是"并未解释",而不是"并未解释清楚"。即达尔文的理论根本就未涉及"思维能力"。以达尔文的学术地位及学术研究风格论,不能认为这是他的疏忽,而应该理解为他的确不知道"思维能力"与进化有哪些确切的关系。至少在他的全部证据中,并不包括"思维能力"的任何证据。就是说,用他的所有证据,无法对思维能力的产生有任何说明。所以,他只能避开这个问题,这是唯一可行的办法。

所以,如果接受"进化论",但仍然不能给出"思维是怎样产生的"的结论。至少可以说,

第一章：精神概论

按照进化论，仍然不能说"思维由进化而来"，所以，"思维能力如何产生"的问题，对其做出确切回答的只有宗教，即"上帝赋予"。

即使不愿接受宗教的结论，也无法否认"人的思维能力的产生，与人外因素相关"

即便接受"进化论"，也无法否认"人的思维能力的产生，与人外客观因素有关"。

即便接受"人的思维能力是人脑进化的结果"，仍然无法否认"人脑的进化与人外因素有关"。

所以，必须承认：人的思维能力的产生，必然与人外因素有关。

这个"人外因素"是否就是宗教解释的"神"，仍然可以争论。然而，"无神论"者们仍然同意"客观规律"观点，而"客观规律"当然是"人之外"的，是当然的"人外因素"。所以，使用"人外因素"概念，可以获得各方的接受。

其二，人在出生时，是没有思维能力的。人是在逐渐发育成长的后来，产生的思维能力。

但是，在出生之后，成长的过程中，思维能力是怎样产生的，并没有确切的结论。

比如，人的思维能力的初步产生是在哪个年龄呢？人的思维能力的基本完成是在哪个年龄呢？人们回答这个问题的唯一依据只能是对儿童的思维能力的测试获得的结果。但这样测试的结果只是"结果",并未得到任何可以解释"思维是如何产生"的证据。

如果经过测试,确定儿童在某个年龄即获得了思维能力,仍然要用到前面的结论,即:

人类出生之后获得思维能力的过程,也必须是与"人外因素"有关的。与前一个问题相同,人们无法否认这个结论。最多只能不接受这个结论。

1.3.4 思维的作用

思维的作用是指导人的行为。在思维指导下的行为,才是真正的"人的行为"。

而思维在实际"指导"的过程中,可以将其分为两个部分:

(一) 判断

可以认为,在所有人的行为中,人们必须做出"判断"之后才有行为。

所以,"判断"是思维的作用中,最重要也是最基本的部分。

所谓判断,是人们在行为之前做出"做/不做"决定的根据。

所以,所谓"判断",说到底就是"是与非"

第一章：精神概论

的判断，一般说，判断为"是"，就做，判断为"非"，就不做。

所谓判断，最基本的，是判断依据的建立，（或者叫判断标准的建立）。

一般说，做出判断的依据就是"对自己是否有利"，有利就做，不利就不做。可以称之为"有利原则"。但是，"有利原则"其实更接近于"价值判断"，而"价值判断"的涵盖范围当然小于"是非判断"。因为许多时候不一定是对"是否有利"做的判断。

所以，"有利原则"在是非判断中就是：有利是"是"，不利是"非"。而从"是非"出发，不能叙述为："是"就是"有利"，"非"就是"不利"。

是非判断中，最基本的判断是"善/恶"判断。

即：善为是，恶为非。

从"善/恶"出发，可以找到"是非"的原始来源。"善"的原始来源是"人的本性"，所谓"人之初，性本善"。所以，也可以理解为"本性为是，非本性为非"

虽然实际存在"恶"从何而来的争议，即便接受"恶亦从本性而来"，仍然还是得到"是非"是源于本性的结论。

就是:"是非"的原始依据是人的本性。最基本的表达为"善/恶".

人们思维做出判断的原始依据是人的本性。似乎有些又回到"有利原则"的感觉。但是,"本性原则"明显与"有利原则"不同。"本性原则"当然已经包含了"有利原则",而"有利原则"并无法包含"本性原则"。

在通常人们的判断中,经常会遇到"公共利益"的问题,一般会以"符合公共利益"为是,"违背公共利益"为非。而实际上,这仍然是广义的"本性原则",人的广义的

"本性"当然必须包括"所有人",而"所有人"的本性自然就是所谓"公共利益"了。

所以,可以断言,人们思维对其行为的所有判断,最基本的出发点是"善/恶"。"判断"完成之后,人们却未必就一定实际行动。即"判断"是行动的依据,但还不是行动的指令。

(二) 分析

大部分的判断都需要经过分析之后做出,严格说,所有判断都必须经过分析,只是在实际的判断

第一章：精神概论

行为中，有些判断虽然形式上并不经过分析，那是因为这种判断所需要的分析在这之前已经分析过了，所以对于过去已经做过分析的情况，在再做判断时，是可以不必经过重复的分析过程而可以直接做出判断。

在专门论述思维的文献中，列有"分析"概念，还有"归纳""推理"等概念。本文使用"分析"概念则统括其他概念，均已"分析"概念论之。

这样，可以认为，"分析"是思维的最主要的部分，最本质的部分。甚至可以认为，"分析"才是真正的思维。

关于逻辑

"逻辑"是思维之分析中的重要内容，以今天人们对逻辑的认识，我认为必须对"逻辑"做必要的陈述。

1. "逻辑"是人类思维中的重要内容，今天人们对"逻辑"的认识主要表现为"逻辑学"等关于"逻辑"的理论阐述。

这些阐述中可以分为两部分，一类是阐述"关于思维"的规则,另一类是阐述人们对于"世界"的规律的理解。

"关于思维"的规则的部分,基本论述是所谓"形式逻辑"理论。这部分理论是所谓"逻辑"的本来意义。后来出现的"辩证逻辑"等很多仍然标有"逻辑"字样的理论,应该将它们归为演化了的逻辑理论。即这些演化了的逻辑理论所论述的对象,已经超出了"思维"领域,而扩展为万事万物。是在探讨世间万物之间的关系了。而"思维"只是世间万物之一。在这些探讨世间万物之间的关系的逻辑理论中,实际上将"逻辑"扩展为"规律"概念。这些论述中的"逻辑"与其他理论中的"规律"并无实质区别。

2. 有人定义"逻辑"为"逻辑是思维的规则"。这个类似定义的"定义"虽然并不完备,但已经明确地确定了"逻辑是关于思维的理论"的基本含义。

所以,应该对"形式逻辑"再做必要的说明:

"形式逻辑"是"逻辑学"的起点,"逻辑"一词即是起于"形式逻辑"理论产生之时。或者说"逻辑"一词产生于"形式逻辑"。所以,形式逻辑对于"逻辑"的定义才是逻辑的原本含义。或者说,"形式逻辑"只是后来的逻辑学者们使用的名

第一章：精神概论

词。

在"形式逻辑"刚刚产生的时期，并没有"逻辑"与"形式逻辑"的区别，那时只有"逻辑"一词，那时的"逻辑"就是今天的"形式逻辑"。

形式逻辑中有"A=A"的重要理论。这里必须重新明确："A=A"的概念并不是在确定具体事物的"同一性"，而是在确定"概念的同一性"。有些人将形式逻辑中"A=A"理解为世间的事物中"A 事物"就只能永远是"A 事物"，不能有任何改变。这个理解刚好违背了形式逻辑中"A=A"的定理。就是这个理解将"对思维的讨论"转换为"对事物的讨论"。

形式逻辑中"A=A"的"同一律"，当然是在规定人类思维中"对 A 概念的叙述"是不能做任何改变的。具体到一个理论（或者一本书，一段叙述），在这个理论的全部叙述内容中，所有的"A 概念"都必须是"同一"的，不能有任何改变。犹如我们所有逻辑理论中的"形式逻辑"一词所表达的意义，是永远不能改变的。三百年前先人确立的"形式逻辑"概念，今天仍然必须还是当年的概念，不能有任何改变，今后也如此。

有些所谓"辩证逻辑"的学者称这个"不能改变"是所谓的"僵化"，其实已经有些可笑了。

"辩证逻辑"理论中的所有概念当然统统必须遵守"同一律",如果发生任何不遵守"同一律"的情况,对于严谨的逻辑学理论来说都是非常严重的事情,是不能容忍的。或者说是"不能容忍的逻辑错误"。

3. 即便我们可以把所谓"辩证逻辑"等理论划入"广义的逻辑"。仍然必须明确:

"逻辑"是人类思维的基本内容。人类的思维能力的重要依据就是"逻辑"。即"思维"之所以成为思维,完全是由于思维中的"逻辑"内容。所以,没有"逻辑"就不能成为"思维"。

就是说,从人类产生思维能力起,"逻辑"就已经产生了。

就是说,"逻辑"并不是"逻辑学家"们创造的。

在逻辑理论产生之前,人们的思维自然已经具备了逻辑内容,或者说在逻辑理论产生之前,人们的思维就是"逻辑的"了。人类思维的"逻辑性"与逻辑学家无关,当然也与逻辑理论无关。犹如"牛顿定律"其实与牛顿无关。在牛顿的理论产生之前,那个定律当然已经存在,最多我们尚未命其名为"牛顿定律"而已。

所以,所谓"逻辑理论"只是逻辑学家对人类

第一章：精神概论

思维规律的总结或者"揭示"，也可以称为"发现"，但绝不是他们的"发明"或者"创造"。

所以，必须明确：

在逻辑理论产生之前，人类的思维即已具备逻辑内容。

尚未学会逻辑理论的人们，他们的思维仍然已经具备逻辑内容。只是他们可能不会运用逻辑理论的"专业术语"来做这种专业学术形式的论述而已。

反之亦然，专业的逻辑学家们，也不可能每时每刻的言论（或者思维）都是严格遵循逻辑定律的，仍然会出现不遵守逻辑的情况，在这点上，逻辑学家与其他普通人没有区别。

4. 传统逻辑学将人类思维中的"逻辑"叙述为两部分：

（一） 规则部分

即所谓三大规律。同一律，不矛盾律，排中律。

所谓"规律"，即是思维中原本就具备的。逻辑学家经过研究总结，用一段语言将它们表述出来，就成了所谓"逻辑学理论"。

我会使用"规则"一词，目的还是想强调这部分的"规则特征"。虽然他们实际上是"规律"，但是可以用"规则"来做比喻。即这些"规律"可以看作是在某种意义上的"规则"。

"规则"就是由人制定出来的，而由人去遵守的条文。

既然是"规则"，人们就可以遵守，也可以不遵守。

"规则"对于人们只实行"约束作用"，却不是人们"自觉"的行为。对于"规则"，人们之所以会遵守，是因为人们先有了"应该遵守"的概念，然后才有"遵守"的行为。

从这个意义上说，"逻辑"就不是"规则"了。人们实际的思维过程中，是没有"应该/不应该"的判断过程的。即人们实际思维过程中，"遵守逻辑"是自然（或者必然）的，没有判断的过程。因此"逻辑"是"规律"而不是"规则"。人们的实际思维过程中，不能主动地进行"遵守/不遵守逻辑"的判断和选择过程。

我之所以使用"规则部分"作为这一段的标题，目的就是为了让读者注意到这个区别。当然也有说明此时的"逻辑规律"部分表面上比较像我们常用的"规则"，通常情况下，直接称其为"规则"也未尝不可。

第一章：精神概论

（二）演绎部分

逻辑学典型的演绎方式就是"三段式"。

比如：水可以被加热，加热会使水沸腾，因此沸腾的水一定是热的。

又如：我是工作者，工作会获得收入，因此我是有收入的。

如果将这种叙述的每段用符号来表示，再将各种类别的"三段式"加以分类，就可以出现很多的推演过程了。

许多人会称这个"推演过程"是"逻辑"（或"逻辑的过程"）

我认为：首先，必须明确，"规则部分"是逻辑的本质，我会认为这部分才是"逻辑"。

而所谓"演绎部分"不过是人们思维过程中"遵循逻辑"的具体情形。

人们会认为"符合三段式的思维"就是符合逻辑的，否则就是违背逻辑的。

我认为，"符合三段式的思维"只是人们思维的"形式"，而不是"本质"，究其"本质"还是"符合规则"才是"本质"。之所以说"符合三段式才符合逻辑"本质上是因为"符合规则",而不是"形式上相同"。

实际上,"演绎部分"的产生,是逻辑学家为了"证明"规则部分的正确而产生出来的。

就是说,"演绎部分"是为了"证明规则的正确",而不是在"演绎出逻辑来"。

"规则部分"与"演绎部分"的关系

"规则部分"是逻辑学家对思维中的"逻辑"内容的总结和揭示,而不是逻辑学家的创造(发明)。如同所有其他规律一样,不是人类的创造。

因此,"规则部分"是逻辑学的核心,是逻辑学的本质的部分,或者可以说这部分才是"逻辑"。

而"演绎部分"则是人为的了,是人类的创造。实际上,"演绎部分"的所有文字内容仍然必须遵循"三大规律",即"演绎部分"的文字内容仍然不能违背"规则",如果发生违背规则的情况,"演绎"即告失败。即"规则部分"对于"演绎部分"的文字叙述仍然有效。(当然,"规则部分"的文字叙述也只能是符合规则的,不能例外。)

5. "逻辑"不是"规律"

可以认为"逻辑是思维的规律",从这一点上说,可以认为"逻辑"也可归于"规律"。

第一章：精神概论

也因此，不能认为"逻辑"是普遍的"规律"，最多是关于思维的特殊的规律。因此，将"逻辑"推广为关于世间万物运行的规律，当然是错的。

从某些特征上说，"逻辑"与"规律"的确有相似之处。但是，我们已经有了相当完整的关于"规律"的各种理论，从实用上说，我们当然没必要再使用另一个词汇（或者理论）来代替它。

从实用上看，今天所有认为"逻辑是关于万物运行规律"的学者也都无一例外地仍然使用"规律"概念。所以，其实这是很奇怪的。等于在这些"逻辑学家"的观念里有两种世间万物运行的规律，一种是"万物的运行规律"，一种是"逻辑"。而实用上，他们其实并无法实际做出它们的区别，即这些学者不可避免地混合使用"逻辑"和"规律"两个概念，这样做的结果，只能是造成许多不必要的混淆，尤其是对于学习逻辑学的学生和不懂逻辑学的人们。甚至有些人会认为"逻辑学"是关于万物运行规律的更先进的理论。使问题更加复杂化。

6. 中国的经典与"逻辑"的关系

当然是由于"逻辑"一词的外来语特点，"逻辑学"也是外来理论，因此很多人自然地认为中国的传统思维中是没有"逻辑"的。

所以，还得回到"逻辑的本来意义"的话题。

如果我们以"逻辑学"是外国人的理论为根据，因此认为中国人的传统思维中没有"逻辑"，那么，对于外国人来说，在"逻辑学"出现之前，他们的思维也只能是没有逻辑的了。

所以，必须讨论清楚一个问题：逻辑是什么？

如果接受"逻辑是人类思维的必要条件"，就不能再认为中国传统思维是没有逻辑的了。

而从形式逻辑的"三大规律"看，中国的传统思维中（当然必须包括所有中国传统的经典）当然是处处符合所谓"三大规律"的。

比如"同一律"，可以任意选择一段文字，或者一篇文章，或者一本书，使用"同一律"来检查，统统都是符合的。比如"君子"概念，以《论语》为例，从头至尾，任何地方出现的"君子"一词，词义是统一一致的，即"同一"的。

再如"排中律"，以"君/臣"为例，绝不存在"非君非臣"或者"亦君亦臣"的概念。即"排中"的。

至于"矛盾律"，就更不用说了。"自相矛盾"本是中国人的发明，而且早于亚里士多德。

第一章:精神概论

所以,认为中国的经典是没有逻辑的,这个观点本身就是违背逻辑的。

如果因为中国历史上没有关于逻辑的"逻辑学理论"出现,因此推论中国传统思维是没有逻辑的,当然是错误的,究其原因,反而恰恰因为"逻辑",这是人类思维的奇妙之处。

7. 关于逻辑学的一些误区

a. 有些人认为,学了逻辑学理论的人,会比没学过逻辑学理论的人思维更有逻辑。

这是关于逻辑的最常见的一个误区。也因此可以认为,有这种观点的人(如果他是学了逻辑学理论的)反而恰恰没有掌握逻辑学的本义。

犹如我们"识字",难道不识字的人们的思维都没有逻辑吗?当然不是这样。在人类有了思维和语言之后,而文字尚未产生的时候,人们当然已经使用语言进行交流了,而人们使用语言进行交流的基础就是"逻辑"。那个时候人们所使用的语言,当然已经是符合"三大规律"的了,否则人们无法实现交流,甚至根本无从谈起文字的产生。

b. 由于"形式逻辑学"中出现了一些繁复的推理算式,因而使得很多人会因而试图使用同样的

"推演"方式去推演客观世界的规律，虽然这种推演可以具备某些实用价值，但是归根结底这些推演产生的原因是亚里士多德时的逻辑学家试图运用这种推演来获得所谓"逻辑"的证明，即他们试图通过推演来证明"逻辑"的正确，而不是在"推演出逻辑"。

类似于许多关于数学"猜想"的证明过程。那种数学计算的目的是要证明那个猜想的正确，而不是在"推论出那个猜想"。

c. 由于"逻辑学理论"中的推演部分的影响，使得许多人试图使用"推演"方法来获得某些客观规律的证明，而使得"逻辑学"出现了"科学化"的异化，许多人沉溺于这种"推演"过程，试图找到一些方法可以解决人类的某些问题，虽然他们的确获得了某些成果，但与他们想要达到的目的其实相当遥远，用中国人的著名成语说明就是"南辕北辙"。因为"逻辑学"本就不是在解释世间万物的运行规律，而逻辑学中的推演其实作用也是很有限的，如何可能使用这种方法去解释世界？

8. "逻辑学"与"认识论"

"逻辑学"当然属于哲学，因此"逻辑学"不能等于"哲学"，即哲学的范围大于逻辑学。

第一章：精神概论

一般来说，可以将哲学分为"认识论"和"方法论"两个部分，而"逻辑学"则属于方法论。

而"认识论"与"方法论"的关系是密不可分的。即不能脱离"认识论"而专门阐述所谓"方法论"，虽然"方法论"有其阐述的专门领域，但是原则上是不能违背"认识论"的。尽管实际上仍然存在许多争论，但是原则还是"方法论不能违背认识论"，所有所谓的争论实际上发生在"到底是否违背认识论"上。即实际的争论是围绕"是否违背认识论"，而不是"是否可以违背认识论"。

所以，那些试图发现某种推演方法而可以解释全部自然规律的人们，往往是完全忽略认识论的。

他们甚至认为自己是"逻辑学家"，并不是"哲学家"，这是一个奇怪现象。

1.3.5　思维的构成

思维的"素材"部分是"记忆"，人们经过"记忆"而获得的"素材"在"逻辑"的作用下而完成思维过程。

很明显，没有"记忆"，人类的思维过程是无法实现的。

a）"记忆"的独特性

很多人认为人脑细胞是"记忆"的基本物质，或者认为"脑细胞"的工作过程就是"记忆的过程"，甚至试图用电脑的"记忆体"来模仿人脑的实际记忆过程。

但是，电脑的记忆与人脑的记忆有着非常重要的区别：电脑的记忆只能按照人类的感官功能中的各个单一功能来实现，比如"视觉""听觉""嗅觉"等等。而人的记忆却是所有这些感官功能的综合的记忆。比如"关于某处开枪"的记忆，人们的记忆除了一般所说的"声音"记忆外，还包括枪声传来的方向，比如从左后方传来。而且如果有子弹从身边飞过，子弹从"耳边飞过"的情景，人们会记忆得有声有色。而所有这些"立体的记忆"是电脑无论如何都无法实现的。又如对味道的记忆。酸甜苦辣活灵活现。这些记忆当然还与时间有关，我们可以很自然地给出这个记忆发生的时间。记忆发生的时间并不必须要专门的"时间回忆"过程，人们的实际回忆过程对于时间因素的考虑是自然而然的过程，或者叫自动的过程。这种"自动的过程"是电脑无法实现的。更不用说将"眼耳鼻舌身"的各种感觉做综合的记忆了。比如我们对于"伤口疼

第一章：精神概论

痛"的回忆，绝不仅仅是"疼"一种简单的记忆，一定是综合的记忆。

所以，人的"记忆"其实是无法复制的。

电脑实现的所有"电脑记忆"充其量只是人脑记忆的某些部分的复制，即便电脑所实现的那些记忆，与人脑实现的这部分记忆仍然必然存在着区别，并不能做到完全一致。所以，所谓"电脑记忆"，我们只能做到使其尽量地接近人脑的记忆，或者叫"与人脑记忆相似"。

b) "记忆"的随时性

严格说，人们思维中所能够运用的"资料"统统都是"记忆"。比如"视觉"，除了所谓"看到的当时"是所谓"视觉"，这个视觉几乎立即就转化成为"视觉的记忆"，实际上，我们所有关于物体形象的概念，都只能是关于"视觉的记忆"的概念，我们所有关于"视觉形象"的讨论，都只是围绕"视觉形象的记忆"进行。

这就是说，记忆是随时形成的。我们所说的"视觉"，其实就是"视觉转化成视觉记忆"的过程。

以此类推，所有其他感官功能的工作过程，都是"感觉转化成记忆"的过程。

c) "记忆"的重叠过程

使用"重叠"一词,是还没有找到更恰当的词汇。

所谓"记忆重叠",是说"记忆"其实是一个不断重叠的过程。

人们实际思维的过程中,有太多的记忆素材是不断重复的。比如"手",我们每天都要不断地重复看到相同的"手",而每次看到的手都可能与以前所看到的手有所变化,但也有很多是已经看到过的。而人类实际的记忆过程中,会自动处理这些"新的和旧的素材",而所谓"旧的素材"的处理过程中就是我想叙述的"重叠过程"。这种处理过程是自然发生的,人们并不需要思考它的存在。而这个"重叠过程"的重要过程就是,人的思维能够将"相同的东西"完全重叠起来,或者可以认为使用新的覆盖(取代)旧的,再同时将新的素材附加上来,成为新的记忆。

从这一点上看,人类的记忆是电脑绝对无法模仿的,电脑无法具备这种"重叠"的能力。从这个"重叠"能力出发,电脑的所谓"记忆能力"原来并不是关于人类记忆的能力,那只是电脑自己的一个功能,与人类的"记忆能力"无关。

d) 关于"忘记"

第一章:精神概论

"记忆"又是可以消失的。当记忆消失时,就是我们通常说的"忘记"。

虽然我们会将"忘记"与"记忆"摆在对立的位置上,认为它们是绝对不同的。我还是会将"忘记"处理成"记忆"的组成部分。

就是说,人类的记忆中,是"记住"与"忘记"的混合的过程。可以认为,人类不可能记住所有的东西,人类只能"记住"一部分,"忘记"另一部分。

这样看,其实所谓"忘记"可以有几种情况:

一种是人类思维过程中自动地选择"忘记"。这可能是人类思维的一种本能,它会自动进行筛选,选择需要记住的部分记忆它们。

一种是人类已经记住的东西,后来"忘记"了。对于这种"忘记",人们经常会用电脑的"搜索失败"来形容这种"忘记",好像这个记忆还是实际储存在大脑里,但就是搜索不到,而成为"忘记"。这种情况就经常会有转变,成为"又想起来了"的情况。

一种是人类的记忆功能衰退(或者受到破坏)因而"忘记"了本来曾经记住了的东西。

在这里,我一定要说一个我不得不说的一个例子:一位熟人对一部罗马尼亚电影的一段台词曾经熟记于胸,但时隔约三十年后,偶然又得到了这部电影的视频，但这段台词却不一样了。所以他就说不清是否是自己的记忆出错了。这里引出了另一个问题，就是"记忆错误"。但在这里。其实人们并无法实际区分是否真是自己的"记忆错误"，还是发生了"忘记"的情况。这个所谓"忘记"，可能是"当时在记忆时就记错了"，也可能是实际发生了"忘记"，而使后来的回忆与原来的记忆不同。

而这个例子引起了我的一些思考，当时曾感慨："记住"原来是为了"忘记"。

但还是做了一个满有意思的总结："记住的"未必真的发生过，而"忘记的"则一定发生过。

e) 如果将"记忆"理解成"思维"的素材部分，就是说，"记忆"还不是思维。虽然思维离不开记忆，但从理论上说，"记忆"还不是思维。

那么，"记忆"是这样进入思维过程的呢？

思维过程的完成，除了"记忆"之外，就是"逻辑"来充当重要角色了。

思维的实际过程，就是"逻辑"与"记忆"的综合过程。从哲学上说，可以认为"逻辑"比"记忆"重要。哲学理论着重讨论"逻辑"，然后才是"记忆"。

很明显，没有"逻辑"，就无法形成正常的思

第一章：精神概论

维过程。

我们看一个简单的例子：

小孩在思维能力形成的过程中，需要向大人学习，或者叫由大人来"教"小孩。比如告诉小孩"这是白色"，当小孩完成了对"这是白色"的概念形成过程（小孩已经"认为这是白色"）后，如果这时我们再告诉小孩"这是黑色"，这时小孩并不会重复前面"白色"的过程，即他不会认为"这是黑色"，而是会立即反问"这不是白色吗？"。即当人们建立了"这是白色"的概念之后，会自动地将所有相同的颜色认知为"白色"，并且不会轻易受到别人的干扰。

在"逻辑学"里，就将这种对"白色"的认知过程称为"同一律"。小孩会对后来的"这是黑色"提出质疑，原因就是思维中的"同一律"。或者，我们会自然地接受这个结论：已经认知为"白色"后，再称其为"黑色"，就是不合逻辑的思维。虽然我们通常并不会说这"不合逻辑"，而只是说"这不对"，思维中的工作原理是一样的。

这个例子中的"白色"就是记忆，而"同一律"就是逻辑。如果那个小孩在后面的过程中接受了"这是黑色"的概念，我们就会认为这个孩子的"思维"不正常，而这个"思维不正常"的原因就是他的思维中没有"逻辑"。

f) 逻辑是人们得以相互理解交流的根本

人们通过语言进行交流,而文字则是语言交流的延伸。人们得以实现"交流"的前提就是要"互相明白对方的意思",在尚未明白对方的意思时,交流是无法实际进行的。

那么,人们是怎样"明白"对方的意思的呢?就是"逻辑"。

举例如下:

人们常说"这是我的物品",说话人的意思是在表示"某件物品是属于他的"。即在这句话中的"这""是""我的"以及"物品"都已经有了确定的意义。说话者必须是在使用这些"确定的意义",才能表达出他想要表达的意思。

当对方听到这句话后,也必须使用与说话者同样的"确定的意义",才能明白这句话的意思。就是说,当听者听到这句话时,当然已经对"这""是""我的""物品"这些词汇已经具备了与说话者相同的理解,他对这些词汇也已经有了"确定的意义",而且与说话者是相同的。

这里有两点是非常重要的,一是"确定",二是"相同"。

第一章:精神概论

即说话者所说的(比如"我")的意义,无论对于说者还是对于听者,意义是确定的,而且是相同的。

双方能够实现交流的前提,就是这个"确定"和"相同"。

所谓"确定",就是对于双方来说,这个词汇的意义在这句话中"确定而且不能变化"。

所谓"相同",就是对于双方来说,这个词汇的意义是"相同"的。

"确定"是强调对于(任)一方是"不变"的,"相同"是强调对于双方是"不变"的。

上述叙述中的所谓"确定"和"相同",就是逻辑学中所叙述的"同一律"。也可以将"确定"和"相同"直接叙述为"逻辑"。

所以,人们得以实现交流的前提就是"逻辑",或者说人们得以实现交流的前提是使用"相同的逻辑"。没有逻辑,就没有交流。

从这个意义上说,"三大定律"才是"逻辑",而"演绎推理"则只是"方法"。因为人们实际交流中并不必须使用这种"方法",没有这种"方法",人们仍然可以实现正常的交流。

g) 人类思维中的"逻辑"是天生的

我们再回顾一下小孩关于颜色辨认的例子。

这里所引用的例子中，小孩已经具备了"辨认颜色"的基本能力，他只是还没有具体的辨认颜色的经验（或者经历），这种情况也可以叙述为"小孩还不认识颜色"。

所以，此时的小孩"不知道这是什么颜色"，并不是他尚未具备辨认颜色的能力，他们当然已经具备了区别不同颜色的能力，即他们当然知道"黑色"和"白色"是不相同的。因此他们实际上只是"尚未获得这种颜色该怎么称呼"而已。所以，这时所谓"大人教小孩"的过程，只是告诉小孩"这种颜色的称呼是什么"，大人只是在"教"小孩"怎样称呼这种颜色"。而不是实际"辨认这种颜色"。

这样，当获得"这种颜色称为白色"的"认识"之后，此时小孩的思维中即即时建立了"白色"的概念，从此以后，小孩的思维中会一直保持这个概念，绝不会轻易改变。

注意，小孩"会一直保持这个概念"的能力是小孩自然具备的，而不是来自大人的"教"。就是说，大人并不具备"教"小孩"一直保持这个概念"的能力。

所谓"一直保持这个概念"，其实就是所谓

第一章：精神概论

"同一律"。

就是说，当小孩建立了"这是白色"的概念之后，会自然地"一直保持这个概念"。正因为如此，当大人在之后又告诉小孩"这是黑色"时，小孩并不会重复关于白色的过程，而被教为"这是黑色"。这时的小孩的正常表现是"不对，这是白色"，小孩的首先反应是"判断大人的后面的说法是不对的"。这种"对先后两个概念能够做出孰对孰错的能力"就是所谓"逻辑判断能力"，正是这种能力是小孩"天然具备"的，并没有人可以实际"教"给他。

因此我会结论："逻辑"（逻辑思维能力）是天生的。不是后天获得的。

而人们的实际思维过程中，所谓"同一律"的应用也完全是"自然的"，而不是"自觉的"，即人们并不会在进行了"是否符合同一律"的判断之后再进行思维。或者可以说，大部分人其实根本就不知道"同一律"是什么，但他们的思维中当然已经充分包含了"同一律"（"同一律"的应用）的。

虽然我们可以判断"此时小孩已经具备了逻辑判断的能力"，但是我们并不知道小孩是何时具备了这个能力的，我们也当然不知道小孩是怎样获得这个能力的。就是说，我们可以知道"小孩已经具备逻辑判断能力"这个结果,而对于小孩获得这个能力的过程其实一无所知。因此,才会使用"天生"这样一个描述。

或者有人可以说,这是小孩脑部器官发育成熟的结果。但这个结论仍然没能解释这个"发育"过程到底是怎样的具体过程。而实际上,这个"发育"过程是如何产生的呢?只能还要用到"天生"这个描述。许多人会采用医学(科学)上的各种研究成果,来解释这个过程,但其实效果都是一样的。人脑的组织结构的发育过程,可以认为是"思维能力"产生的必要条件,但一定不是充分条件。至少,我们还不能找到人脑组织中的哪个部分是分管"逻辑判断"的。即便有一天,我们可以找到分管逻辑判断的部分,其实还必须面对"这个部分是怎样具体工作的"的难题。即便有一天有人可以回答这个问题了,我们还是可以追问"你的回答是最终答案吗?"。我想,没人敢回答"是"。即便有人可以解释"逻辑思维"的过程是怎样的了,他们还是不能解释"逻辑思维"是怎样产生的。

1.3.6. 关于"正确"

在前面"意识"一章中讨论了"真实"的问题。所以可以认为,人类的意识,主要解决"真实"的

第一章：精神概论

问题。而思维则是解决"正确"的问题的。

a) 所谓"正确"，在这里是一个统称。在不同的领域里，人们会使用不同的概念。比如在道德领域，就是"善"，在一般的通常行为中是"好"，在哲学判断中是"是"，等等，

b) 所谓"正确"，必须是一个判断过程。
而人们的实际判断过程中，必须先确定一个"标准"，如果符合标准，就判断为"正确"。反之亦然，如果不符合标准，就判断为"不正确"。
所以，我们必须弄清此时的"标准"是如何确定的。

我们看一个最通常的例子：
人们经常会说"你说得对"。表示与你的看法相同，而且判断你的说法是正确的。
很明显，说"你说得对"时，说者一定已经有了一个"对"的标准了，他当然是在"与标准比较"之后，而做出的判断。
也很明显，如果没有这个"标准"，人们是无法做出"你说的对（或者不对）"的判断的。

c) 人们心中的那个"标准"的建立过程，可

能会是一个比较复杂的过程。或者是一个叙述起来比较复杂的过程。但是，不管怎样，我们不会否认这个"标准"的存在。

我们还是以小孩为例，小孩是在什么时候开始具备了"判断对错"的能力了呢？我们只能从他们开始使用"对"这个词汇时，而认为他们开始具备判断对错的能力了。

根据前面的分析，应该这样结论，小孩开始使用"对"这个词汇来表达他对某事的判断时，他就已经建立了"对错"的标准了。即便是小孩第一次使用"对"来进行判断时，他也是在进行这个"判断过程"。就是说，小孩一定是在"使用了那个标准，进行了比较"之后才做出的判断。从小孩的判断过程看，即便是小孩的第一次判断，也与所有我们成人的判断是相同的过程。

人们通常会认为小孩的这种判断能力，是从大人那里学会的。或者说是大人教会他们的。

即便如此，我们仍然不知道孩子是哪个具体的时间开始具备了这种能力了。因为小孩并不是一出生就具备这个能力的。或者说，小孩很小的时候，大人就还不能教会他们这种能力，而要等他们长大到某个年龄时才行。所以，我们还得承认，小孩需

第一章：精神概论

要等到他"具备了接受大人的教育"的能力之后，才可能由大人教会他们具备"判断对错的能力"。

所以，问题还得接着问下去，小孩是怎么具备了"接受大人教育"的能力了呢？

或者，其实也可以这样认为，当孩子具备了"接受大人教育"的能力时，他其实已经就具备了"判断对错的能力"了，这个时候，他所需要的，就是大人的"教"。经过大人的"教"之后，孩子就可以实际做出"对错的判断"了。

经过这个分析之后，我们似乎可以解释小孩的"判断对错的能力"的产生过程了。

但是，问题当然还未结束，那么，大人的"判断对错的能力"是怎么产生的？按照上面的分析，就是从他们的"大人"那里学来的，如果这样追问下去，就成了无解的问题了。

中国人的传统观念中，是认为"人之初，性本善"的，所以，用中国人的传统观念，本来就已经解决了上述的问题了。即人的本性中，本来就已经包含了"善"的基础成分。就是说，只要小孩的思维能力达到一定程度之后，他就自然具备了"判断对错的能力"，而他判断对错的标准，就是他与生俱来的"善"。

事实上，我们讨论到现在的这个"标准"，当然不会仅仅来自"人的本性"。就是说，当小孩开始具备"辨别对错的能力"之后，他就开始了向周围环境中的各种情况的学习过程，在这个学习过程中，他的"辨别对错的能力"就会不断地完善。

d) 现在需要讨论人们实际上"判断对错"的基本过程了。

我们还是从"你说得对"这个例子说起。

假设这句话的上一句是对方说"这幅画真好看"。

那么，此时的"判断标准"就是"画作好看的标准"。

但是很明显，"画作好看的标准"上面还会有"美的标准"，"表达的思想深度的标准"，等等，一路追寻上去，一定还是要走到"善"那里。

如果我们再换一个角度，看另外一个例子，比如"他最近工作很努力"，你回答"你说得对"。

按照前面例子的思路，我们还是可以进行所谓"标准的追寻"，而且，还是会走到"善"那里。

当我们看过若干个例子之后，就可以结论，"善"是最高的判断标准。

第一章：精神概论

我认为。这个"善是最高的判断标准"，到了一些宗教里，会转化成"上帝所言""真主的意愿"等等。总之，人们"判断对错"的过程中，所使用的标准可以归结到一个"终极标准"（或者"最高标准"）。

可以这样说，人们实际所做的各种"对错判断"，应该是在"最高标准"之下的各种标准的判断过程。

e) 人们实际生活中真正碰到的问题是"判断标准的选择"。

比如，有人选择判断 A 事物的标准来判断 B 事物。常见的是所谓"偷换概念"。

从本质上说，这种情况是典型的"错误判断"。

而实际的各种判断中，充满了各种的"错误判断"。

笔者认为有两种"错误判断"应该着重进行讨论。

一种是"诡辩"。所有的诡辩中，无不是在巧妙地进行"判断标准"的偷换，而使得在通常情况下应该得出"错误判断结果"的情况发生逆转，而得出"正确判断结果"，抑或相反。

比较著名的诡辩是"白马非马"。认为"白是色，不是马，而马也不是色，因此'白马'不能是马"

这个诡辩当然是将"对颜色的判断"直接混淆于"对有颜色的物体的判断"。

"对颜色的判断"当然不是"对物体的判断"。但是，"颜色"与"有颜色的物体"是两个概念，不能由一个判断来"通判"，必须"各判"才行。即对于一个概念的判断不能直接转为对另一个概念的判断。

或者可以这样叙述："颜色"当然不是"有颜色的物体"，所以，对于"颜色"的判断当然不是对于"有颜色的物体"的判断。

另外，任何物体都是有颜色的，因此，对于任何"物体"的判断，必然间接包括了该物体的颜色，当然也间接包括了构成物体的全部要素。

如果这个诡辩是成立的，那么就可以接着推论：白云非云，流水非水，黑人非人，毛笔非笔，等等。这些都很明显是不成立的。

另一种是"指鹿为马"。

"指鹿为马"的例子稍微复杂一些。因为这是一个非常明显的"错误判断"，问题出在人们对待"错误判断"发生后的行为过程。

第一章：精神概论

人们对于"错误判断"的判断本应该是一个简单而且明确的过程，由于"朝堂之上"这个特殊环境，造成了人们并不能像通常那样进行正常的判断过程。人们会因为"对后果的担心"而改变自己的常态而将其判为"正确"。很明显，判断"错误"为"正确"，就还是错误。这种情况就是所谓"明知故犯"。这种"判断错误"的发生，不是因为正常的"错误判断"，而是在做出了"正确判断"之后，却主动做出的相反判断。这种"主动的错误判断"在人类生活中也是常见的情况。

这两个例子都可以归为"倒非为是"的例子。一个是经过精心的装饰使人们将"非"转认为"是"，一个是自觉地（主动地）"认非为是"。

这是一个其实非常奇妙的情况，这两个例子（当我们将其作为例子在这里叙述出来时）应该归于我们通常所说的"错误"。但是实际上，人们却多认为两例当中的当事者的行为是"正确的"。就是说。有相当多的人是赞成这样做的。所谓奇妙。是这些赞成的人中，又有相当多的人在读到这段时，他们又会认为"这是错的"。

就是说，人们在所谓"书面讨论时"和"实际行为时"会做出截然相反的判断。而且可能有些人甚至并不会觉察到两者是矛盾的。他们会认为这两种情况都是合理的。

f) 如果我们对世上人们的行为进行统计,按照"正确/错误"进行大致的分类,可以看到,人们的实际行为中,"错误行为"可能是占多数的。

比如说话,我们实际使用的语言(口语),即便不参照成文的语言规则,以通常人们的口语习惯为准,人们所说的"话"仍然错误百出。

比如吃饭,任何一个人的吃饭过程,都可以被找出各种各样的"毛病",从食物的种类,烹调的方法,味道,到进食的方式(比如有人会发出大的咀嚼声音),甚至餐具的使用姿势,都可以被指指点点。

至于一个人的工作,就更不用说了,如果碰到一个挑剔的上司,你会很惨。永远会"做得不对"。

即便是司空见惯的"坐",一个普通的"专家"会立即指出你的"坐姿"有什么问题,就是说,几乎不管你怎么坐着,在专家那里,你总是"坐得不对",或者有坐得不对的地方,或者有坐得不对的时候。

所以,如果这样分析,"犯错"就是人类日常行为的主要内容。人们对这些"错误行为"是不在意的,所谓将错就错。很多人根本就认为那是"正

第一章：精神概论

确行为"。

如果这样看，当大家都"犯同样的错误"后，虽然都清楚"错了"，但是大家就心照不宣，绝不会影响大家的相互交流，人们也不会产生不必要的误解。通常的情况下，人们绝不会去指出这些错误，因为不必要。当有些人真的指出"你错了"的时候，反而会产生相反的效果。

所以，面对这种情况，我们可以结论："人们经常犯错"是正常的，对于正常的生活而言，"有错"是正常的，"没错"才是不正常的。甚至我们可以这样说：人们"犯错"本是一件正确的事情，而"不犯错"则是一件错误的事情。

g) 但是，如果我们再实际观察一下每个人的实际行为中，人们通常是这样行为的：即人们在做出任何行为时，一定是先进行"做"的决定，在决定"做"之后，才会去"做"（行为）。

我们再仔细分析一下，人们之所以会决定"做"，是认为"这样做是对的"。

即人们的所有行为中，是在确定了"对"之后，才去做（行为）。如果人们认为"不对"，是不会去"做"的。

所以，人们的行为在受到"指令"的时候，除了有"做"之外，还有"做得对"的观念。而"做得对"是基础。人们只做"认为对"的事情，而之所以"不做"，一定是认为"不对"才不做的。

即便是犯罪，犯罪者在实际行为时，也必然是认为"对"，才去做的。反之，如果他认为不对，他一定不会去犯罪。此时的"犯罪者的决定中"，所谓"对"，是他的判断标准，而不是我们常人的判断标准。但是过程却的确是这样的，即他"认为这样做是对的"，因此产生了后来的犯罪过程。而不会是"虽然是错的，我也必须做"而产生的犯罪过程。

h) 这样，当我们进行了 f. 和 g. 两段的讨论之后，看到了一个比较奇怪的情况。从宏观上看，人们的多数行为是"错的"，从具体的人来看，人们是在认为"做得对"之后才去做的。即人们是在认为"做得对"的情况下去做错事的。

所以，如果我们希望尽量地少犯错，必须提高判断"错"的能力。

1.3.7 关于"证明"

现在人们通常的观念中，只有经过"证明"了的，才是"正确"的（或者"错误"的）。

因此，"证明"是确定"正确"的重要手段，

第一章:精神概论

重要方法,或者重要途径。

所以,在详细讨论了"正确"的问题之后,有必要讨论"证明"问题。

(一)何为"证明"

大部分人对"证明"的理解,是指对证明过程结束后的结论部分。即人们视"证明过程得出的结论"为"证明"。此时,"证明"就是一段文字叙述。

而实际上,"证明"是一个"过程"。前面所说的"结论",只是这个过程的一部分。

既然是"过程",就必须有这个"过程"得以实现的"条件"。也因此,不是世间所有的事物都是可以"证明"的,只有"具备了条件"的那些事物,才可以证明,所有不具备条件的,就无法去"证明"。

我们大致可以将"证明"分为"理论叙述证明"和"实物证明"两大类。

所谓"理论叙述证明"是很常见的方式,比如"数学的推理证明",科学上的"证明"都是"理论叙述证明"。而所谓"证明"的概念以及各种方法，本是源于"理论叙述证明"的。

而所谓"实物证明"，比较典型的例子是法律上的"证据"，有了"证据"，才可以进行后续的法律程序。而人们通常所说的"眼见为实"，也是"实物证明"的范围。比如：我看到你手里的钱了，（包括银行存款单据），才证明你是有钱的。否则，我当然会怀疑你是否有钱。

（二）"证明"过程的分析

我们来看"证明"的条件。

从"理论叙述证明"的过程比较容易一些。数学证明的过程必须有"定理""已知条件"，然后才能进行"证明过程"。所以，所谓"理论叙述证明"，其过程就是我们应用"定理"和"已知条件"进行推理的过程。

这里其实有一个很明显的问题，我们必须首先确认"定理"和"已知条件"都是成立的。即我们在一个证明过程中，并不涉及对"定理"和"已知条件"的证明。

那么，"定理"和"已知条件"是否也应该进行"证明"呢？从一般意义上说，未经证明的，即不能确定其是正确的，因此怎么可以用于另一个证

第一章：精神概论

明过程呢？

大部分的实际情况是，我们只能先确定一些"原始定理"，这些原始定理是人们总结出来的，当然没有后来的"证明过程"，所以我们只能确认这些"原始定理"是不证自明的。我们不需要对原始定理进行证明。

比如我们证明"1+1=2"，这里的"1"就是原始定理，是事先规定的，是不证自明的。其实，也就是说，原始定理无法证明。

所以。可以看出，所谓"证明"，不过是人们为了某个目的而规定出来的一种方法。人们无法对这个"规定过程"采用这个"方法"。

我们再来看"实物证明"的情况。比如还是用前面的例子：我看到了你手中的钱，才证明你是有钱的。

这个例子中的"看"，就不能再经过"证明过程"了，当然也包括"手""钱"等条件。人们不可能再去证明你的"看"的能力是确实的，然后再确定你是的确"看"见了。这是不必要的。

再比如法庭上的"证据"，只要"证据"的取得过程符合法律的相关规定，法庭就会采用了，当然不必再去进行那些相关规定的"证明过程"。

（三）"证明"的实际意义

"证明"的实用性是确定的。实际生活中我们必须使用它。

但是，"证明"是一个有条件的相对过程，不是绝对的。

因此，从这个意义上说，"经过证明了的，就是正确的"也是一个相对的结论，不是绝对的。很多事实证明（也是"证明"），经过的"证明"的，人们已经接受了的，后来又被"证明"是错的了，这样的情况很多。

在实际中，我们会遇到这两个命题：

* 凡是经过证明的，就是正确的。
* 凡是正确的，终将被证明。

很明显，这两个命题是矛盾的。

如果前一个命题成立，就要得出推论：未被证明的，就未必是正确的。

如果后一个命题也成立，就要得出推论，未被证明的，也可能是正确的。

我们暂时先不考虑后来又证明是错误的情况。仅考虑"已证明是正确的"的情况。

第一章:精神概论

问题当然在于:后命题所说的,是未被证明的部分中,一定有最终可以被证明的"正确的部分"。这等于在宣布"未被证明的,也是正确的",只是我们尚未"证明"而已。或者可以这样结论:这个命题提出了"未被证明的'正确'"的概念,而这个概念明显与前一个命题是矛盾的。

这个矛盾的出现,原因不在后命题,而在前命题。

就是我们是如何确定这个命题成立的。

或者,我们还可以问:我们为什么要确立这个命题?

其实在前面的讨论中,明明已经涉及到了"证明了的,也可能不是正确的"的情况,这个命题最多是有条件成立。

所以,我们只能重新审视前面的命题。"凡是经过证明的,就是正确的"这个命题是正确的吗?

或者,这个命题本身经过了证明了吗?

我们只能无奈地进入这个"逻辑循环"。而从逻辑学出发,如果进入循环状态,即是不符合逻辑的了。

或者,我们使用"定理不证自明"概念,即认为"凡是证明了的,就是正确的"是不必经过证明的原理。这样,就只能认为后命题是不成立的了。因为后命题与原理矛盾而无法成立。

所以，我们只能放弃前命题，即只设其为有条件成立。不能作为普遍成立的命题。

经过了这些分析之后，我们就可以进入这一段的实质内容了。即"未被证明的，未必是正确的"的实际意义。

事实上，我们身边当然存在非常多的情况，我们是认为其"正确"，但的确还"未被证明"。实际上，我们真正面对的是这些情况。因为这些情况已经司空见惯，所以人们并不会产生不必要的"疑问"，即人们不会无端怀疑那些已经成为生活中正常内容的部分，基本理由就是"没有意义"。

比如我们都知道"重力"，但是重力是怎么产生的呢？，没有人可以解释清楚。现在人们的结论就是"这是物质的基本性质之一"。力学理论的解释是"万有引力"。按照这个理论，所有物体，任何时刻，都充当"施力方"和"受力方"的双重角色。但是实际上，这个理论所解释的情形并没有可以被人们基本接受的证明过程。唯一可以交代的只是"万有引力定律"，就是经过力学家们的努力推算出了一个公式，可以用这个公式来计算出任意二物体之间的引力数值。但是这个公式只是提供了供人们计算引力数值的方法，并未解释引力的产生原因。因此，"引力（重力）的产生"就是一个无法

第一章:精神概论

证明(尚未证明)的命题。但是没有人怀疑引力的实际存在。就是说,人们不必获得"对于引力如何产生的证明",就充分相信它的存在(正确)。

所以,这里应该对"证明"做一个适当的总结:
所谓"证明",是人们在各种解释世界的努力中,总结出的一个方法。人们认为,为了更好地解释世界,实用上我们需要这样一种方法。在实际应用了这个方法之后,可以使人们更容易统一认识,或者叫"比较容易接受这种使用了这个方法之后的解释"。

既然是"方法",作为客观世界,使用这种方法与否,是没有影响的。或者我们也可以认为,这个方法本身也是人类对客观世界的一种解释。或者说,人类对解释客观世界所设定的方法,还是一种对客观世界的解释。

第二章："象"论

2.1 "盲人摸象"原文

A. http://baike.baidu.com/view/66978.htm（百度百科）

《大涅槃经》三二："尔时大王，即唤众盲各各问言：'汝见象耶？'众盲各言：'我已得见。'王言：'象为何类？'其触牙者即言象形如芦菔根，其触耳者言象如箕，其触头者言象如石，其触鼻者言象如杵，其触脚者言象如木臼，其触脊者言象如床，其触腹者言象如瓮，其触尾者言象如绳。"

B. http://zh.wikipedia.org/wiki/%E7%9B%B2%E4%BA%BA%E6%91%B8%E8%B1%A1（维基百科）

盲人摸象（或稱瞎子摸象）的故事取自《涅槃經》[1]、《長阿含經》，大概起源于印度，可能是耆那教或佛教，有时也归于苏菲派和印度教。

《涅槃經》卷三〇載：「其觸牙者，即言象形如萊菔根（蘿蔔）；其觸耳者，言象如箕；其觸頭者，言象如石；其觸鼻者，言象如杵；其觸腳者，言象如木臼；其觸脊者，言象如床；其觸腹者，言象如甕；其觸尾者，言象如繩。」《長阿含經·卷十九·龍鳥品》、《百喻經》、《菩薩處胎經》亦載此一故事。在各种不同的版本中一群盲人触摸大象希望可以了解到他们正在摸什么。每个人都只触摸一部分。每个人在触摸到不同的部位后得到完全不同的结论，产生争执。故事基本上说：事实往往由于各人角度不同而被给以不同的解释。

波斯版本的五名男人都是视力正常，只不過在黑暗裡摸象，直至燈亮了，五人才能見到大象的真面目。[2]

2.2 "盲人摸象"寓言引出的问题

1. 真盲人摸到象时会作怎样的描述呢？

有一点可以确定，真盲人不会做出寓言中的描述。因为真盲人同样没见过"箕""石""杵""床""甕""繩"等物体。他们在实际生活中所摸到的这些物体是否真的象"象"的那些部位，还是需要真盲者来确定。我会认为真盲人基本不会这样回答。

寓言中的描述，即便是盲人的回答，仍然是视力正常的人想象出来的，他们认为真盲人会这样回答。这其实出自出题者事先已经确定了的答案，所以这些所谓"盲人的回答"不是真盲人的回答,而是出题的正常人推测的答案。有些类似"正常人蒙上眼睛之后摸象"的结果。《维基百科》的例子甚至直言是这样做的实验。

2. 如果盲人描述不出"象"的真正形象,那么他们当然也不可能描述出其他物体的真正形象。

因此,盲人不会用寓言中的方式去比喻摸象的结果。

2.3 "盲人摸象"新探之一

每个盲人摸到的是象的不同的部分,甚至每个盲人每次摸的都是象的不同的部分。

在常人看来,盲人永远无法得知常人眼中的象的形象;其实,在盲人看来,常人也永远无法得知盲人"手"中的象的形象。

盲人"手"中的是"象",常人眼中的也是"象"。它们是同一个象在不同的"感官感觉"下的不同的反映。

可是,常人会认为盲人手中的"象"只是象的一部分,不能把"部分象"称为一般意义上的"象"。

然而,常人还是不能断言:盲人摸的不是象。

当然，盲人也不能断言常人眼中的不是象。

2.3.1 盲人摸到的是象，还是我们看到的是象

常人一定认为盲人摸到的只是象的一部分，因而不是完整的象。

可是我们常人如何那么笃定我们是看到的"完整的象"呢？

从"完整"角度说，常人看到的象要比盲人摸到的象完整一些；如果我们定义：以常人所看到的为"最完整"，那我们常人看到的就是"完整的象"；如果我们要以客观实际存在的那个象为"最完整"，则我们"看到的"和"摸到的"都不是"最完整的"。

常人看到的象比盲人摸到的象只是多了"看到的部分"。如此而已。

如果我们定义：以盲人摸到的象为"最完整"，盲人摸到的就是"完整的象"，而常人看到的只是"一部分"。

2.3.2 我们其实并不知道盲人摸到的是什么

第一章：精神概论

盲人是用摸的，而我们也能摸。所以，我们自然会认为盲人摸到的与我们摸到的是一样的。

问题是，我们因为具有"视觉能力"，所以我们在摸的时候，脑子里其实还是"看到的那个象"，只是再附加上"触觉"而已。

具备正常视觉能力的人，其实并不能想象盲人脑子里的状态。就算是后天失去视力的人，还是不能想象从来就没有过视力的盲人的"实际反映状态"。

我们其实并不知道盲人摸到的是什么。我们只是以我们常人的思维去"推断"盲人摸到的是什么。我们会自然地认为盲人摸到的就是我们看到的那个象（或者说我们摸到的那个象）。而实际上这是一个"错觉"，我可以几乎 100%地确定，盲人摸到的"象"绝对不是我们"摸到的象"，盲人经过触摸反映到脑子里的"象"绝不可能是我们常人用手触摸以后反映到脑子里的"象"。就是说，只用"摸"形成的概念，和由"摸"和"看"形成的概念是不一样的。

2.3.3　我们常人的感知能力是有限的

常人说：我们看到了。其实只是"看到了"而已。

我们看到的其实只是我们的"视觉能力限度"之内的东西,我们的"视觉能力"以外,外部世界是什么样子,我们无法得知。就是说。我们"视觉能力之外"的外部世界的样子,我们无法得知,因为我们"看不到"。

比如:声音是什么样子?味道是什么样子?我们无法得知,因为我们看不到。

人们会说,声音和味道是"无形"的,所以他们没有"样子"。

而"声音"和"味道"既然是客观存在,就应该有"样子",至于我们认为它们没有"样子",只是因为我们"看不到",他们的"样子"是超出我们的"视觉能力"的。

"声音"和"味道"对于我们常人就相当于盲人的"象",我们只能"闻到"和"听到",而无法"看到"。所以,对于"味道"和"声音",我们常人和盲人就没有区别了。

然而,即便是我们看到的物体,其实仍然存在"视觉能力限度"的问题。就是说,我们可以看到的物体,其实我们仍然只是看到了我们"视觉能力限度"可及的部分。

所以前面会问:我们常人如何那么笃定我们是

看到的"完整的象"呢？

既然"声音"我们看不到，所以"可看到的物体"也一定有"无法看到的部分"。世间各种生物的"视觉能力"都不一样，所以大家"看到"的东西其实是不一样的。

最近有文章提到金鱼的视觉角度与人类不同，因此会有人提出抗议，认为使用特别造型的鱼缸会造成金鱼的不舒服，是在虐待金鱼。著名物理学家霍金还有一段专门论述谈到从金鱼的视觉方式出发，所有人类的"计算公式"都必须改变，就是应该另外存在"金鱼的计算公式"。

或许，金鱼可以看到一些我们无法看到的东西，或者我们无法看到的"部分"；当然，我们也许（或者确定）可以看到金鱼无法看到的东西，或者金鱼无法看到的"部分"。

以此推论，"象"在所有"有视觉能力"的生物的视觉范围内的"像"都是不一样的。

在象的眼睛里，应该仍然不是人类眼中的"象"，是必然"不一样的"。

2.3.4　摸象过程中的"有"和"无"

精神论

　　常人眼中的象,对于盲人就是"无"。

　　而盲人手中的象对于常人则另论,因为常人也有手,也可以摸到。

　　但是,常人因为有视力,所以,即便是用手摸到了以后,脑子里仍然是看到的那个"象",只是又增加了触摸的感觉而已。

　　而盲人"手"中的象则另有其象,所以还可以说,盲人"脑子"中的象对于常人来说还是"无"。

　　常人无法想象盲人脑中的象的模样。

　　寓言中提到的"蒲扇""棍子""墙"其实也未必与我们常人眼中的这些东西一样。毕竟寓言是

　　常人创作的,所以用的只能是常人的语言和语境。

　　盲人手中的"象"对于盲人就是"有",是盲人之"有"。

　　而常人眼中的"象"对于盲人则是"无",是盲人之"无"。

　　盲人"手"中的"象"对于常人是"无"。是常人之"无"。

　　所以,我们说"有""无",说到底还是以我们自己为出发点的。

　　我们说的"有",是对我们而言的"有",对

于"我们"之外的其他是什么？我们不知道。（也是"无"）

我们说的"无"，是对我们而言的"无"，对于"我们"之外的其他是什么？我们不知道。（还是"无"）

所以，可以断言：知者为"有"，"不知"者为"无"。

今日不知，而明日可知者，是今日之"无"，而明日之"有"。

正所谓：有生于无。

而"此之有"为"彼之无"，"你之有"为"我之无"，等等，则是"有无相生"。

常人脑中的"象"，和盲人脑中的"象"，都不是实际存在的那个象，都只是"像"而已，因为"感知能力"或"感知方式"不同，因而"像"是不同的。

而除了你感知的"象"，你对那个"真实的象"其实别无所知。

2.4 "盲人摸象"新探之二

假设一下，世界上只有象和盲人，盲人摸到象的反应会如何？反映会如何？

此时，盲人并不知道摸到的是"象"。所以，一定会将摸到的部分联想为他们已知的物体，比如：联想到"墙""蒲扇""棍子"等等。可是，不管他们怎么联想，不管他们的"联想能力"多么丰富，多么强大，他们就是不可能想出"象"的形象，永远不可能！

就是说，他们根本就不可能知道他们摸到的是"象"。

或许他们也会给他们身边的"这个会活动的物体"起名曰"象"，然而他们还是永远不可能知道我们为他们创作的这个寓言中的"象"

进而推论之：这个寓言并不是为盲人创作的，因为这个寓言不是盲人创作的。只能是正常人创作给正常人看的。我甚至"胡思乱想"是"上天"创作给我们人类看的。

进而推论之：这个寓言要告诉我们的是（或者向我们提出的问题是）关于"神"。"神"对于我们人类就相当于盲人摸的"象"。虽然其中最大的区别是：象可以摸得到，而"神"是无法感觉得到的。

可是作为我们人类，这个寓言已经是我们的语言能实现的最佳表达了。

"神"是超出我们的感觉能力限度的，我们不

第一章：精神概论

可能"感觉"到神的存在。因此，无神论者有了最基本也是最充分的理由，他们认为"神并不存在"，我们无法用"证明的方法"来反驳。

然而，世界上还是"有神论者"占多数。所以，从"势力"来说，是"有神论者"的"势力"大。

就是"有神论者"并不认为"感觉不到"就是"不存在"，尤其到了"神"的层次，"有神论者"甚至认为"正是因为感觉不到"所以才是"神"。

我们暂时抛开"无神论者"，仅在"有神论者"范围讨论。

在"有神论者"范围内，大家都相信"神"的存在。可是又都说不清"神"是什么样子的。

因此，就产生了分歧。就产生了不同的"神"的解释，甚至会出现"不同的神"，所以就有了不同的宗教。

其实，还是可以理解为，"神"就是盲人跟前的"象"，大家摸到了不同的部分，所以，会有不同的理解。虽然各个宗教的"神"是不一样的，可是它们还是"都是神"，仔细点说，只是"神"的"不同部分"而已。本质上讲，并不影响"神"和"人"的基本关系。

我们感觉不到"神"的存在，却不能说"神"对我们毫无影响。"神"对我们的影响其实是无时无处不在的。

从某种意义上说，人类并非完全对"神"毫无感觉。应该是"未感到神的存在"而已，就是说，你可能感觉到的是"别的什么"，以你所有对现存的感觉去联想，恰如盲人去联想"墙""蒲扇""棍子"的情况。

而"神"对人类最重要的影响就是"有神论者"的存在，就是"宗教"的存在。所以"有神论者"数量上还多于无神论者。再加上像我这种信"神"而无"教"者。

诚如盲人摸象，每个宗教，都是从自己宗教的角度去解释"神"，他们实际上还是只是解释了"神的（某个）部分"，即便所有宗教合起来，还是不能拼凑出完整的神。人类是永远无法理解神的全部意义的。恰如盲人永远无法理解他们摸到的"象"。

2.5 "盲人摸象"新探之三

2.5.1 试论感知系统

盲人由于其"感知能力限度"之视力之限，其实他们并没有"象（形象）"之感觉。

前文曾论及"盲人脑中的象"其实还是以常人的"视觉形象"在讨论。所以，"设想盲人感觉的

第一章：精神概论

实际效果"也是常人的"感知能力限度"之一。

就是：以"视觉+触觉"的感知能力系统，去理解"单独触觉"的感知能力系统是不可能的。

同理，以"单独触觉"的感知能力系统，去理解"视觉+触觉"的感知能力系统也是不可能的。

就是说：常人并无法真正理解盲人的"感知过程"的全部。

因此，盲人"摸"到的，是一个"单独触觉"的感知效果，是一个所谓"触觉象"；

而常人"摸+看"到的象，是一个"常人"的感知效果，即所谓"常人象"。

所以，"感知能力系统"的实际工作过程是各自完全独立的，没有任何"干涉"状况。

如果我们将"感知能力"划分为"看""听""触（摸）""闻""味"等，则所谓不同的"感知能力系统"就包含不同数量的"感知能力"。

假设"感知能力"有五种，（G1，G2，G3，G4，G5）。如果用排列/组合的方法，可以排出很多种"感知能力系统"。

而各个不同"感知能力系统"一定是相互独立的，互相之间不能交叉。

精神论

简单说就是,只有一个"感知能力",比如"看"和"听",只能"看"的人的"感知能力系统",与只能"听"的人的"感知能力系统"是相互独立互不干涉的。

推理 1:有两个"感知能力"的人,比如"看/听"和"看/闻",虽然此时有了共同的"看",似乎是必然有"交叉"的,但是,由于"听"和"闻"的"互不干涉"性质,只能造成"看/听"和"看/闻"两个系统的同样"互不干涉"的特性。
以此类推。

所以,可以推论:

人类具备"五种感知能力",所以人类只能被限制在"五感知能力系统"中,而无法理解其他"感知系统"的实际状况。所有对于"其他感知系统"状况的"知道""理解""解释",实际上还是只能限制在"本系统中"所进行的。

推理 2:如果世间是存在着很多"五感知能力"之外的"能力"的话,人类可以运用自己具备的"五种感知能力"对其他"系统"进行所谓"推测",而实际人们真正能够进行"推测"的其他系统,只能限制在那些"包含此五种感知能力"的系统。

比如：我们只能去"推测"只有"看"的系统的状况，

我们只能去"推测"只有"听"的系统的状况，
……

我们只能去"推测"有"看/听"的系统的状况，
……

我们只能去"推测"有"看/听/闻"的系统的状况，
……

我们"只能"进行所谓"推测"，不能实际了解其他系统的实际状况。

我们不能对超出"五种感知能力"的任何系统有任何"推测"。

2.5.2 盲人的"摸"并不是我们的"摸"

所以，我们关于"象"的概念完全不适用于盲人。

盲人不可能有我们概念中的"象"，即便是我们"推测"的所谓"摸到的象"。

盲人摸到的"感知"或许他们也会称其为"象"，那只是称谓上的巧合，实际"感知效果"

则是截然不同的两回事。

我们看到的"象"是视觉概念。即便我们也可以闭上眼睛去"摸",然后试着所谓"体验"摸的效果。那还是与"单独触觉"的感知效果是截然不同的。因为你已经有了"视觉感知效果"在先,"视觉感知效果"在你闭上眼睛去体验"摸"的感觉之前,已经"嵌入"你的脑海里,并且无法消除的,即便可能将来某些人会失去视力。后天失去视力的人的脑子里仍然具备"视觉形象"。

而盲人脑海中的"象"到底是什么样的,我们常人根本无法得知,不管盲人怎么跟我们解释,其实还是解释不清的。何以会如此?原因就只能是"两个感知系统互不交叉"所致。

我们关于盲人脑海中的"象"如何如何的各种解释,全都是基于我们常人的"感知系统"的效果去进行的"推测",这些"推测"只能以常人的"感知系统"为基础,利用常人的"感知系统"所获得的效果,再经过常人的"感知系统"去推测,就只能还是得出"常人结论",实际上与盲人的"感知效果"无关。

反之亦然。就是盲人也无法了解常人所"摸(+看)"到的效果。

第一章：精神概论

2.5.3　感知系统互不干涉

从上述两点出发，可以得出一个结论：各个"感知系统"是"互不干涉"因此"相互独立"的，所以就自然是"相互平等"的，无所谓"高/低"之分。

即是说，有五种感知能力是人并不必然比只有一种感知能力的某个生物"高级"。所谓"高级"只是我们自己的感觉而已。因为你根本就不知道那个所谓"低级生物"的感觉系统实际上是怎么回事，你如何确定会比它"高"呢？

我们判断"高／低"时，只是根据我们自己的标准，以所谓"高"者能而"低"者不能来判断，可是我们却从未试图从另一角度去看一看，其实被我们所判定"低"的生物的能力范围中，有太多它们"能"而我们"不能"的。

2.5.4　关于感知系统的一些问题

问题一：

其实，当然还有同样具有"五种感知能力"的其他生物（动物）的感知能力系统与人类的"五感知系统"的关系问题。本质上，就可以有所"交叉"了。但是事实上，我们的感觉其实非常明确，就是其他同样具有"五感知系统"的动物与人类的区别非常大。比如人类的"视觉形象"与狗的"视觉形象"的区别。而中国民间自古就有说法,马的眼中"人"非常大,所以马怕人,而狗的眼中"人"很小,所以狗不怕人。虽然有着很大区别,还是可以断言:人与马和狗的感知系统是有"交叉"的。

因此,当然可以由此推断人的"五感知系统"与其他感知系统(比如盲人的"四感知系统")也必然有"交叉"。

(本文使用"交叉"一词,并非十分严谨。待寻得更好的解释词汇后,会适时修改。)

所谓"交叉",本意是指:"感知能力系统"中内容(或运作过程)相同的部分。

比如:疼痛,狗的"疼痛感"与我们的"疼痛感",如果是相同的,则狗的"触觉感知能力(系统)"与我们的"触觉感知能力(系统)"就是有"交叉"。如果不相同,就是"互无交叉"。

而狗的"疼痛感"与人的"疼痛感"是不可能完全相同的,但只要有"相同的部分"就行了。

而其实证实这个"相同的部分"也并非易事。

因为比如"味觉""嗅觉",狗的能力与人的差别就相当明显。不说嗅觉,单看味觉,狗就会将我们认为"臭"的东西吃得很香的。

第一章：精神概论

所以，起码时至今日，将具有"五感知能力系统"的其他动物视为与人的"五感知能力系统"是无交叉的，也是可以站得住脚的。

因为，认为"有交叉"，说到底还是只是"我们的感觉"而已。仍需那个"有充分说服力的证明"出现。

如庄子所言：子非鱼，安知鱼之乐。

问题二：

盲人除了没有视力之外，其他感知能力如听/闻/味/触四种与我们相同，算不算文中所说的"交叉"？

上段有言："所谓"交叉"，本意是指："感知能力系统"中内容（或运作过程）相同的部分"

如此，盲人的"四感知能力系统"与我们的"五感知能力系统"就自然有"交叉"了。

只是在所有涉及"视觉"的感知中没有"交叉"。

2.5.5　一个结论

综上所述，虽然"各感知能力系统互无交叉"的概念并不严谨，尚待完善。然而仅就"看"的感知能力而言，还是可以做此初步结论的。

就此转到本文欲讨论的核心问题：

我们并不了解盲人摸象过程中盲人的实际感知过程，当然也就无法真正了解盲人的实际感知内容。

我们只是"自以为"了解了某些盲人的实际感知过程和内容。而这些其实只是我们自己的"推测"，这些"推测"的全部依据只能是我们自己的实际感知过程和内容。

另一方面，盲人当然就更无法理解常人对于他们的感知过程的各种"推测"的过程为何。

更重要的是，当我们竭尽全力地向盲人解释他们摸到的"象"是什么的时候，其实对于盲人来说却是毫无用处的。

同理，当盲人竭尽全力地向我们解释他们摸到的"象"是什么的时候，其实对于我们也是毫无用处的。

这就是前面所论"各感知能力系统互不交叉"的例证。或者是这个命题提出的起因。

2.5.6 是否有我们的感知系统之外的感知能力？

那么，如果客观世界中的确存在着我们常人

第一章：精神概论

"五种感知能力"之外的"感知能力"才能感知的客观存在的话，或者世界上真的存在某些生物（动物），它们能够感知到我们无法感知的某些客观存在，我们该如何对待这些"客观存在"呢？

虽然我们还是可以称其为"客观存在"，而这些所谓"存在"却永远无法被我们"感知"，原因无他，只是因为我们不具备感知它们的能力而已。恰如那个明明白白的"象"的形象是盲人永远无法"感知"的一样。

同理，如果那个具有"第六感知能力"的家伙试图向我们解释它的"感觉"的时候，我们如何能"听懂"它的话呢？

我们会认为"它"在"胡说"吗？

2.6 盲人知盲乎？

"盲"，当然是视力正常的人对"失去视力"的一个描述。对于没有视力的盲人来说，"盲"并无任何意义。所以盲人无须"知盲"。盲人不知"盲"，是正常的，盲人不知"盲"，才对。

尽管几乎所有盲人都听得懂"盲"的发音，甚至没有任何与常人沟通上的障碍，他们会毫不犹豫地说"盲，就是看不见"。我还是会问，他们真的

精神论

知道"盲"吗?

    如果承认盲人知道什么是"盲",那么他们是如何知道的呢?他们是根据什么而知道了"盲"的具体含义的?因为他们并不知道什么是"看见",所以,他们如何知道什么是"看不见"?

第三章：存在论

3.1 "存在"绪论

"存在"是哲学界非常重要的概念，也是非常普通的概念。但是时至今日，仍然不能产生一个为大家所能普遍接受的"定义"。或者，这才是"存在"这个概念产生的真正意义。

"存在"的概念从产生的时候起，就与"意识"（思维或者精神）概念相伴随。因此，所有对"存在"的解释，实际上都是在解释"存在与意识的关系"

从思维或者概念的角度，"存在"当然首先是一个概念，它是人们对所谓"客观存在"的描述。从这个意义上说，哲学家们一直试图将"存在"放在与"意识"对立的位置。比如，"存在是意识的对象"是通常的说法，还有"意识是对存在的反映"，也是很重要的观点。

有普遍观点认为，"存在"是独立于"意识"

之外的。这个观点的主要意思是"存在不受意识影响",即"即便意识尚未反映存在之时,存在仍然存在"。

关于"存在"概念的最重要的观点是贝克莱所提出的"存在即被感知"。贝克莱虽然提出了"人们所认识的,不过是对于'所感知的'加以总结归纳之后的结果",他仍然是将"被感知的"部分放在"感知"的对面的,即他仍然认为"认识"是"感知'被感知'过程的结果",按照这种解释,仍然可以得出结论:"感知"是认识主体的行为,"被感知"则就是认识客体。

按照这个叙述思路,一定会遇到一个似乎是尴尬的问题:意识是不是存在?

许多人会辩解,"意识"直接表现为脑细胞的工作过程,因此"意识"是物质活动的结果。所以,应该认为"意识"的本质仍然是物质的。即意识也是一种存在。

但是,很明显,如果我们接受这个推论,就必须违背前面诸多哲学结论,这些结论都是以"置存在和意识于对立地位"为特征的。

而且,即便接受"意识是一种存在"的观点,

第三章：存在论

仍然必须界定为：意识是不同于其他所有存在的一种存在。既然是存在，却又要不同于所有其他存在，这种"极特殊的存在"与"不是存在"有什么区别呢？

而且很明显，如果认为"意识也是一种存在"，"存在独立于意识之外"就无法同时成立，而产生非常严重的哲学后果。至少会使所有哲学讨论陷入混乱而无法继续。

所以，从实用意义上说，尽管存在某些争论，将"意识"对立于"存在"是可行的和实用的，也基本可以由各方所接受。

总而言之，讨论至此，所有我们的讨论涉及的"存在"，还是一个概念，是我们总结形成的一个"概念"。我们试图用词汇（概念）"存在"来描述那个脱离我们的意识而独立存在的"存在"。尽管已经有些绕嘴了，但是我们的语言只能表达到此了。

就是说，我们还是可以接受"存在独立于意识之外"，但是在实际应用中，我们讨论的所有"存在"，当然是无法脱离我们的"意识"的。起码，离开了意识，就没有任何"讨论"可言了。如果不讨论，那个"存在"到底是不是独立于 XXX，也就没有任何意义了。

3.2 "存在"的初步定义

问题讨论到这里,可以对"存在"做一个初步的定义。之所以说"初步的定义",就是因为至今并没有一个可以被普遍接受的"定义"出来。或者说,"存在"是无法精确定义的。

但是,从实用出发,我们必须对"存在"做出一个适当的叙述,就称其为"初步定义"吧。

a. 存在是独立于我们的意识之外的,不为我们的意识所决定。

b. 存在可以由我们的意识所反映,(或者说,我们的意识可以在某种程度上反映存在)

c. 我们所能够讨论的(定义的),仅限于可以被我们的意识所反映的那部分存在。

3.3 关于"存在"的一个误区

有了前面的初步定义,就可以讨论关于"存在"的一个误区了。

其实,应该在此做一个规定,本书后面所涉及的"存在"概念,都以这个初步定义为限。

从这个初步定义出发,可以结论,"存在"必

第三章：存在论

须具备"物理特征"（物理意义）。

现在来说那个"误区"。

许多人认为，所谓"真空"，就是在这个"真空"的区域内，不存在任何物质。换句话说：在真空中，什么都不存在。即"真空中没有任何'存在'"。

这个叙述中，人们其实忽略了这个"真空"自身。即这个"真空"，必须占据一定空间。而占据了一定空间，就具备了"体积"，而"体积"是确定的物理特征（物理意义）。

所以，"真空"本身已经是"存在"了，因此，说某"存在"内部"没有任何'存在'"，逻辑上已经不通了。因此，这个叙述是不成立的。

所以，"真空"是"存在"的一种状态，"真空"仍然是"存在"。"真空"中可能不存在"任何物质"，我们却不能说"什么都不存在"。

沿着这个思路，我们可以延伸叙述，比如"味道"，就没有体积了，但"味道"仍然是"物理特征"，因此还是"存在"。所以"声音"就也是"存在"。所有能够被我们的感知能力所感知的，都是"存在"。

或者可以再延伸解释为，只要具备"科学意

义",不一定一定要"物理意义",所有其他如"生物意义""化学意义"等科学意义的,就都是"存在"了。

那么,什么是"不存在"呢?接下来就会讨论这个话题。

3.4 问题是"不存在"

本章最初的标题本来是"不在者不在,还是不知者不在"。

世人应早有答案:当然是"不在者不在",而"不知"者,不能成为"不在"的根据。

人们会几乎"脱口而出",你"不知道"的,当然不一定"不存在"。

但上面的观点只是"常人"的看法,无法成为"哲学论述"。

哲学上的"不知",就不是某个人或者某些人不知道,而是"所有人"都不知道。就是"无人知道"。

世上"无人知道"的东西,是"在"还是"不在"呢?

第三章:存在论

常人又会很自然地判断:不能确定是否存在。应该"很有道理",几乎没人反对。

问题一:什么是"不在"

常人和哲学家都会同意:"不在"就是"不存在"。

或许可以说:是"确定的""不存在"。即不是前述"不能确定是否存在"。

或者叫:真的"不存在"。

问题二:什么是"未知的在"

常人和哲学家都会同意:就是"尚未得知"的"存在"。

比如:尚未被发现的某些生物,遥远的星球,等等。

就是说:"未知的在"是"在",不是"不在"。

问题三:"不在"和"未知的在"如何区别?

实际上无法区别。

因为如果能够区别的话,就一定是"已知的在"或"确定的不在"。

结论:

如果坚持"不在"不是(或不同于)"未知的在",就必然会遇到"如何区别"的难题,而且必然是"无解"的"死题"。

所以,坚持"不在"不是"未知的在",只能是自陷罗网。

曾经与辩友争论,"如何确定不知道的'在'不是'不在'",辩友答:不知道。

按照这个思路,我们的"未知"包括"未知的在"和"未知的不在",此时"未知的不在"应该就是"不在",只是现在还"不能确定"而已。

所以,"未知的不在"等于"不在"。

所以,我们的"未知"就是"未知的在"和"不在"的混合,而我们并不能区分"未知的在"和"不在"。

所以,"未知的在"和"不在"是"等效"的。

问题四:有"区分'未知的在'和'不在'"的必要吗?

既然"无法区分",何必要坚持"它们是不一样的"?

既然"无法区分",不如就"视为一样",不就得了。问题立即简单了。

第三章：存在论

所谓"问题简单了"，就是除了"有些不对劲"的感觉外，所有的其他都"不受任何影响"。

问题五：坚持了这个"区别"之后，还有"不存在"吗？

如果坚持"未知的在"不是"不在"，接下来更"尴尬"的状况是：

那么，还有"不存在"吗？

因为"不存在"和"未知的存在"是无法区分的，其实，就是结论，

所有的"不存在"都有可能是"未知的存在"。

所以，没有"不存在"，或者没有"真的不存在"。

事至如此，已经不是"尴尬"了，而是"非常严重"了。

就势必出现我曾经提出的问题：如果屋子里没有人，然而你却不能说"屋子里没有人"，因为屋子里可能有你"尚未感知"的人。几乎有些"诡异"了。你觉得有这个必要吗？

3.5 "不在"与"不知"

"不在"当然同时也是"不知"的。

精神论

问题是"不知"的如何也是"不在"的？

许多人很自然地举例问：在没发现美洲大陆之前，美洲大陆不存在吗？

很好的问题。

其实又要重新回到"何为存在"的老话题。

应该认为有两种"存在"：

一种是真实的存在，与人的"认知"没有关系。

另一种是人的概念"存在"，人类运用自己的"思维"而产生了"概念"，人类创造了"用概念来表达对世界的认识"的方式。因此就创造了"存在"这个概念。人类试图用"存在"这个概念来描述"人类的意识"之外的客观实在。

通常，人们会视概念"存在"就是"客观实在"。（虽然"客观实在"仍然是一个"概念"，限于"语言表达能力"的限制，只能如此了）

因此，一般意义上的"存在"应该具备两个条件：

1. 是确实的客观实在；（所谓"在"）
2. 确实被人的意识所反映。（所谓"知"）

作为人类的"概念"而言，"存在"必须是上

第三章：存在论

述二条件皆备，"存在"才能成立。

即是说：不能被人的意识所反映的"客观实在"，起码是不能成为"概念"的"存在"的。

任何无法被人类感知的客观实在都不能列入人类的"存在"名单。最多只能列入"待定名单"，

即所谓"未知的存在"。

剩下的问题就是"未知的存在"是"存在"吗？

前面已经确定了："未知的存在"一定不是"概念"的"存在"，因为缺少"被人的意识反映"的必要条件。

然后就是"未知的存在"到底是什么？

所谓"未知的存在"，尚未形成我们的"概念"，所以人们不能对这个"客观实在"有任何"描述"，就是连称其为"存在"都还太早。所以此时的这个"未知的存在"只能"什么都不是"，

然而，"什么都不是"与"不存在"有区别吗？

所以，接下来就看看"不存在"：

"不存在"是什么呢？

仔细想来想去，除了称为"不存在"以外，"不存在"也只能是"什么都不是"。

已经与前面"未知的存在"的"什么都不是"重合了。

这个"重合"非常重要,并且在非常重要的时机"重合"了。

"未知的存在"只能"什么都不是";
"不存在"也只能"什么都不是"。
所以:"未知的存在"等于"不存在"。

上述推导有逻辑上的问题吗?

如果没有,这个推导就是"成立"的。

最后,再回到前面的话题:"所有的'不存在'都可能是'未知的存在'",可否直接结论:所有的"不存在"都是"未知的存在",
因此,"未知的存在"就是"不存在",
前面的推导结果仍然成立。

3.6 再论"不存在"

曾经试着提出观点:世界是由"存在"和"不存在"组成。(其实并不恰当)
或者我们可以视客观世界为"存在"和"不存在"

第三章：存在论

现代哲学界主要由所谓"西哲"所代表。而西哲中，并没有对"不存在"的系统论述。严格说，现代哲学理论中，并没有"不存在"这个哲学概念。就是说，哲学界并不认为需要这样一个哲学概念。即"不存在"并不具备适当的哲学意义。

"存在"比较容易定义，而"不存在"则无法定义。

就是说，"不存在"是无法言说的。"不存在"无法用"是"来指谓。

所以，"什么是'不存在'"不是一个"逻辑合理"的问题，只是作为"口头语言"而实际存在。

为了讨论能够进行下去，暂时不去追究其"逻辑合理性"，而认为"什么是'不存在'"的问题是成立的。

所谓"不存在"，可以分为两种情况。一是对某已知存在的否定。比如"屋里没有人"（屋里不存在人），火星上没有水（火星上不存在水）。此时的"不存在"必须接宾语，不能单独使用。二是对所有存在的否定。此时的"不存在"，不是任何我们已经确定的"存在"状态，因此，此时的"不存在"相当于名词，不能接宾语。是与抽象词汇

"存在"相对应的词汇,也是抽象的。

但是,在这个意义上建立的"不存在"概念,其实问题多多。从字面上看,这个概念是在否定我们已经确认的那些"存在"。而实际上,这个"不存在"概念还有"无法定义,无法感知,无法证明"的特征。因为这些特征,而使得"不存在"让人感觉有些别扭。因此有些人会再选择"非存在""无存在""虚无"等等概念。也正因为如此,所以西方哲学界没有"不存在"这个哲学概念。但是,西方哲学界也没有"非存在""无存在""虚无"这样的哲学概念。因此可以断定西哲的哲学家们,不认为有对"不存在"进行哲学研究的必要。

我们所要讨论的是混在"不存在"中的"未知的存在",或者说:在我们的"存在"之外,是"不存在"和"未知的存在"的混合状态。

随着人类各种技术手段的丰富,会不断有"未知的存在"转变为"存在"。但这其实并不影响我们的讨论。

"存在"是我们知道的。
"不存在"自然是我们不知道的。

第三章：存在论

通常我们的"不存在"判定，只能"依靠"我们已知的部分，就是我们所有"不存在"的判断，

都是在判断没有"我们已知的部分"存在。比如"屋子里没有人""火星不存在水"，等等。

等到具有"哲学意义"的"不存在"的定义，就只能不存在了。

或者，我们索性把问题简化到底：

世界并不包含"不存在"部分，全部都是"存在"，只是分为"已知的存在"和"未知的存在"两部分，这样，我们的"不存在"就一定可以找到"依靠"。

而余下的"未知的存在"的部分，称其为"未知的存在"或简化为"不存在"就无所谓了。

3.7 老子的"无"

中国传统文化中非常著名的思想者老子通过他的《道德经》表达了一个重要思想：有/无思想。

即老子将世界分为"有"和"无"两部分。

与现在讨论的"存在"问题直接相关，老子的"有"就是"存在"（或者"已知的存在"），老子的"无"就是"不存在"（或者"未知的存

在")。

3.7.1 "无"与"無"

需要多说几句老子的"无"字,其实老子是使用"无"和"無"两个字的。按照《说文解字》,本来古字中就有"无"和"無"两个字,字义几乎相同。

老子用"無"来表示对具体的"有"的否定,比如"無人""無色"等等。

老子用"无"来表示对所有"有"的否定,其实,用"否定"并不恰当。老子是用"无"来表示"有"以外的世界。老子的"无"并不是毫无内容,而是内容非常丰富,只是我们尚不知道而已。因此老子有非常重要的论断"有生于无"。此处我会坚持说"有生于无",不能写成"有生于無"。虽然"有生于無"并不影响人们对老子本意的理解,但是"有生于无"更恰当。

虽然无法断定是老子创造了"无"字,但是是老子创造了"有/无思想"。是老子给了"无"字以更高的意义。

从"无"字的字形看,就是"天"字的变形。所以,在老子的"有/无思想"中,就是"天外为无"。

3.7.2 "无"与"不存在"

西方哲学中不设立"不存在"概念。当然是因为"不存在"在语言上和逻辑上的瑕疵,以及其在哲学上的不可解释性,而无法成为哲学概念。

从另一个意义上,只能说西方哲学无法解释"不存在"。连基本讨论都无法开始,何谈解释。

而"无"则完全不同。

从字面上看,"无"完全没有"不存在"的意思。或者说,"无"不是对"有"的否定。更应该理解为"是'有'的另一面"。因此,"无"就可以使用"是"来指谓了。

我们再来看"不存在":字面上,是明确的"对'存在'的否定"。前面曾经讨论过,"不存在"是不具备任何科学意义的,"不存在"没有体积,没有味道,没有声音,任何"可被人感知的特征"都没有。那么,就只能认为:除了使用"不存在"三个字之外,我们不能对其有任何的叙述了。这样,"不存在"就没有任何意义,只是"三个字"而已,因而也不具备哲学意义,也因此无法进行任何哲学叙述。

所以，"无"概念作为哲学概念（或者哲学叙述）是成立的，而且是足够清晰的。

"无"概念没有"不存在"概念的诸多问题，抑或"无"概念解决了"不存在"概念的诸多问题。

从这一点上说，中国人思考问题的方式更深刻而且更高明。

许多人批评中国从未产生过"哲学"。

从文字形式上看的确如此。中国历史上，即没有任何"哲学"的专著，也从未出现过"哲学"这一门学术。但是，这并不能说明什么。只是表明中国的思想家们所采用的方式与西方的哲学家们不同罢了。而问题的关键是"解决问题"。

中国传统思想家们没有搞出"哲学"这种解释世界的理论形式，理由其实很简单，就是他们认为"没必要"。他们认为，人类只要能够"解释世界"，就可以了。是否一定要弄出某种"形式"（比如"哲学"）来，则无所谓。有这个形式，未必不好，没有这个形式，也能解释世界。

虽然中国思想家们解释世界时，仍然无法摆脱"形式"。但是中国思想家们在解释世界时的"原则"是"尽量使问题（解释）简单化"，而不能将它"复杂化"。而西方哲学家们却恰恰相反，将同样是要"解释世界"的"哲学"搞成一个超级复杂的理论系统。而他们不但不以为意，反而以为这样才能充分显示他们的才华和能力。只有写出这种超级复杂理论的人，才配称为"哲学家"。

然而有些可笑的是，他们用尽了千言万语，却不能解释"不存在"这样一个简单的问题。更可笑的是，他们根本就没实际提出过这个问题。所以，可以简单推论，他们没想到过这个问题。

所以，这里笔者必须郑重声明，认识论作为哲学理论，必须引入"有无概念"。

在"有无概念"下，所有哲学界争论已久的问题，诸如"本体论""神的本质""存在的对面"等等问题，都可以有效地解决。

3.7.3 "有生于无"

"有生于无"是老子的重要思想。他在《道德经》中是这样叙述的："天下萬物生於有，有生於無。"（《道德经》第40章）

再强调一次，此处是"有生于无"，不是"有生于無"。

如果我们将"无"解释为"是对有的否定"，那么这段话是不通的。

精神论

而如果我们一定要坚持人们通常的思维方式，"无"就是"没有"（即"对有的否定"）

就只能无奈而且遗憾地错过了老子的最重要的理论叙述了。也必将使我们隔绝在西方哲学家们设立好的"哲学范畴"里，无法自拔。

从老子的叙述可以明确看出，老子将世界划分为两个部分：有和无。

"有"就是包括了"天下万物"的部分，是我们可以感知到的部分。

"无"则是"有"以外的部分，很明显，"无"是我们无法感知的部分。

老子用了简单到极致的叙述，只用了四个字"有生于无"，来表达他的重要思想。将中国传统思想家"求简"的特征表现得淋漓尽致。已经无法再简了。

而"有生于无"则清晰而且准确地表达了他的认识论观点。

"有生于无"，确定了"有"和"无"是世界的两个部分。

"有生于无"确定了"有"和"无"的关系。即"无"是原因，而"有"是结果。

第三章:存在论

"有生于无"确定了"有"的来源。

从这个意义上说,所有迄今为止我们对世界起源的解释,都无法超越。无论"进化论"还是"大爆炸"理论。

最重要的是,老子的"有无"理论,并不与任何一个宗教的"创世理论"相冲突,也不与任何"有神论"冲突。甚至也不与"无神论"(应为無神论)冲突。当然,也就不与现代的任何哲学理论冲突。这是他的高明之处。

关于"无",尽管已经讨论得算是清楚了,但是,这仍然是一个有着相当难度的问题,对于所有人来说,不会像上面的讨论过程那么简单。因此,还是需要适当的文字来进行再详细一些的讨论。

既然叫"有无理论",难点当然在"无","有"应该不必讨论了。

按照"有生于无"的思维,就只能确定,"无"的部分不是毫无内容的,而是充满内容的.如果用丰富形容,"无"中的内容要比"有"的部分丰富得多.应该说,"无"中不是什么都没有,而是什么都有.而且,所有"无"中的内容都是我们现在无法想象的.

按照"有无思维",现在世界上所有物质,统统都来自"无"的。即便曾经真的发生过"大爆炸",那个"大爆炸"也只能是来源于"无"的,在我们已经认知的"有"的部分,是不会无端地发生"大爆炸"的。

按照现在已经确定的物理学理论,有"物质不灭"理论。现在世界上的物质,当具体到某一种形式时,比如"原子",就不会"消失"了,而只能发生其所构成的物质形式上的变化。其实,沿着"物质不灭"理论,必然导致"物质不生"的推论。即世界上的物质总量是不会增加的,而且也不会减少。

这个理论势必要面对"物质是怎么产生"的问题。实际上。这不仅是物理学要面对的问题,是所有理论都要面对的问题。包括宗教理论。

所谓"大爆炸"理论,只是设想了今天的物质"存在形态的形成",而所有作为基础的"物质"只能在"大爆炸"发生之时即已存在。并不是因为"大爆炸"产生了今天的物质。

很简单,如果没有这个"物质基础","大爆炸"根本不会发生。"大爆炸"只能是"物质运动的某种方式",绝不是"造物的运动"。

关于"物质来源"的这些争论,势必要继续下去,现在是看不到尽头的。

第三章：存在论

而"有无理论"则在相当的程度上，解决了这个问题。虽然需要时间来使人们逐渐地接受它，但是作为解释世界的理论而言，它的解释可能面对的质疑声最少。

从"有无理论"出发，就可以这样解释："物质"来自于"无"，但是我们不具备任何了解"无"的能力。尽管如此，"有生于无"是可以确定的，也是应该确定的。

因此，"有无理论"的实用性毋庸置疑。

从"有无理论"出发，"无"并不是对"有"的否定，这是极其关键的地方。所谓"不是对有的否定"，就是它们不是相对立的，说得通俗一点，就是摆在不同区域的东西。

讨论到这，就还是想到那个"发现美洲大陆"的例子，在被发现之前，"美洲大陆"当然不是"不存在"，而是存在于"无"中。所以。"无"中一定不是"什么都没有"的。

如果人们只是坚持"人类发现了美洲大陆"，就仍然还没解释"美洲大陆的来源"问题。人类是在哪儿发现的美洲大陆呢？其实是在"无"中。每当说到"无"，人们会很自然地首先将"无"想象为"某一空间"，这是对"无"的误解。虽然前面我使用了"不同区域",但那是为了解释的通俗。"无"没有任何人类感知过程中所具备的"意义",没有时间意义,没有空间意义,所以,也可以理解为,"无"是无处不在的,也是无时不在的。因此也可以说"'无'现在就在我的身边"

我们再回头看一下老子的原话:"天下万物生于有,有生于无"。老子没有直接说"万物生于无",因此可以理解为,在"无"中仍然有两种情况,一种是"人类可以感知的",一种是"人类无法感知的"。这样,老子也明确解释了"美洲大陆"的情况。就是说,在"无"中有着"人类尚未感知的有",即人类可以感知它们,人类有感知它们的能力,只是目前还不具备条件。一旦条件具备,人类抵达了那里,实际感知了它们(发现了它们),它们就成了实际的"有",因此也是"有生于无"。而实际上,"无"中其实充满了我们无法实际感知的东西,就是说,对于那些部分,我们人类不具备任何感知的能力。

3.7.4 "有无相生"

《道德经》关于"有无相生"的原文是:

第二章:天下皆知美之为美,斯恶矣;皆知善

第三章:存在论

之为善,斯不善已。故有無相生,难易相成,长短相形,高下相倾,音声相和,前後相随。是以圣人处无为之事,行不言之教。万物作焉而不辞。生而不有,为而不恃,功成而弗居。夫唯弗居,是以不去。

如果引入当代的哲学概念,则可以将老子的观点做以下理解:

"有生于无"是关于"认识论"的观点,"有無相生"则是"方法论"的观点。

说具体一点,"有無相生"就是在谈"辩证法"了。

在这一章中,前面"皆知XXXX,斯XX"的论述,也是辩证式的论述,而后面的"XX 相 X"就都是在论述"辩证法"了。

大家都认为"辩证法"的完整理论成于黑格尔。而如果大家真能耐下心来,读一读黑格尔的论述的话,除了黑格尔的论述非常繁复,而且冗长,似乎可以认为比较"全面"之外,在对于"辩证"的论述上,其实未必好于老子。

下面详细谈谈老子的"有無相生"。

精神论

此处的"有無",与"有生于无"中的"有无"是不一样的。

此处的"有無"是在讨论世间的具体事物的"辩证关系"。所以,应该将其理解为"具体的有",而"無"就是与之对应的"有"的否定。

而这里的"相生",是在论述事物之间的"关系",不必将其简单地理解为"相互生成"。尽管老子的确也是将"相互生成"作为世间事物的关系的重要内容,却一定不是"唯一"的,因此,我们不必把思路固定在这一点上。

我愿意选老子的一个例子。第十一章:"三十幅共一毂,当其無,有车之用。埏埴以为器,当其無,有器之用。凿户牖以为室,当其無,有室之用。故有之以为利,無之以为用。"

"三十辐,共一毂",是说三十根辐条,固定在"毂"上。("毂"读"姑",车轴之外毂)将三十根辐条固定在车轴上,就可以作为"车"使用了。

但是,老子却用了另一种论述方式。老子说"当其無,有车之用",可能比较难理解了。

一种解释为:由于轮轴处的"空无"状态,而使得车轮可以转动,而使"车"运动。

第三章：存在论

我的理解是：车条和轮轴实际组成的是"车轮"，还不是"车"。对于"车"，"车轮"是一个部件，所以，"车轮"还不是"车"，但是，没有"车轮"，就一定不是"车"了。

然而，当运行在路上时，我们自然会认为是"车"在路上运行，而不是"车轮"在路上运行。而此时的"车"，就不能是"车轮"，就是说，如果我们认为是"车"在运行的话，此时包括车轮在内的所有"部件"就是一种"無"的状态。或者说，我们讲到"车"的运动时，是不必将"部件"同时论及的。

反之亦然，当我们具体讨论"部件"时，是也会将"车"暂时抛开，即"当其無"，而此时就是"有轮之用"了。

这种"车轮"与"车"的你有而我无的关系，当然是一种典型的"辩证关系"。所以，这种"关系"，并不涉及某一方"没有"了，而是都实实在在地"有"，而"有无相生"只是它们之间的"关系"。

我还曾经举过一个例子：将黑色的小方块往白地的盘子里边摆。

在没摆入黑方块时，盘子是完全的"白色"，而当摆入第一块之后，盘子"颜色"的状态发生了

精神论

根本的变化，对于"黑色"来说，从"無"到"有"了，盘子的状态也随之转为"黑白共有"的状态。而当盘子内摆满方块之后，当摆入最后一块时，最开始时的状态转变再次发生，只是此时是"白色"由有到无了，盘子内成为完全的黑色。

在这个例子中，对于黑白两色来说，就是"有無相生"的关系。

比如刚刚放入第一块黑块时，"黑色"由无变为"有"，然而此时黑块的"有"，是要基于后面的"白地"的，如果不是"白地"的作用，黑块的"有"并无法实现，而"白地"对于黑块是"無"的，"黑"的"有"当然只能生于"白"中。

也可能这个例子稍微有点绕，但还是比较直观，可以有助于理解。

结合后面所提的"难易相成，长短相形，高下相倾，音声相和，前後相随"其实都是"有無相生"的转换形式，本质上是一样的。

老子非常善于观察世间事物的"互相矛盾又互相联系"的关系，而这种关系就是今天所说的"辩证关系"。而世间所有各种"辩证关系"中，"有無相生"是纲领性的关系，是所有其他关系的基础。

第三章：存在论

所谓"相生"，其实有"相互依存"的意思。就是说，很多情况，可能是相互对立的双方，又同时是对方得以存在的条件。从这一点上说，我认为，所有关于事物之间的"辩证关系"的理论中，老子的理论是最全面而且透彻的。

一句"相生"，其实已经表达了今天哲学理论中的"对立统一""和二而一""一分为二""辩证统一"等等各种表达，所有今天的各种哲学表达，其实都未能超出"相生"的表达，而且所有今天的各种表达，都会觉得不如"相生"表达得彻底。

比如"对立统一"，其中的"对立"就明显是说的两方面的近乎"敌对"的关系，而"统一"又在说双方是有着某种"一致"的关系，说起来，还是不如"相生"的表达确切。

所以，讨论到这里，可以有一个小结，就是"有无相生"的重点在"相生"，而"有无"在这里其实可以延伸为世间各种涉及的"关系"，不必仅仅限于"有无"的词义本身。

3.7.5　关于"无为"

"无为"是老子的另一个重要思想。对于研究者们，可能比"有无思想"更重要。因为这个思想无可避免地与"无"相关，所以这里也要讨论一下。

老子《道德经》中对无为的论述较多，最重要的是第三十八章。《道德经》第三十八章是这样论述的：

> 上德不德，是以有德；下德不失德，是以無德。
> 上德無為而無以為；下德無為而有以為。
> 上仁為之而無以為；上義為之而有以為。
> 上禮為之而莫之應，則攘臂而扔之。

《道德经》全书大约 10 处提到"无为"。

其实关于"无为"的争论已经两千多年了，今天人们还在争论。但至今为止，所有争论的焦点仍然在于"人们的什么样的行为才算是'无为'"，而因为老子说得很明确"无为而无不为"，因此"无为不是不为"（即"无为"不是"不作为"）。

笔者无意继续这种不会有结果的争论。

而因为前面关于"无"的讨论已经有所进展，因此，可以在这里涉及到"无为"观点。

其实，"无为"的重点在"无"而不在"为"。

我的理解是，老子仍然是讲的"无为"，而不是"無為"。

弄清楚老子的"无"观念之后，就可以理解"无为"了。

第三章:存在论

其实之前所有的争论其实都在争论"無为"。字面意思是明确地对"为"的否定。而老子又有原话"無不为",明确点明"無为不是不为",因此成了无法得出结论的争论。

在作了"无/無"的区别之后,立即使争论出现曙光。

从论述的具体内容看,老子未必全部都是使用"无为",而是也使用"無为"的。这也是使得争论无休的原因之一。但是可以结论,老子是强调的"無为",而不是"无为"。

即"無为"的意义远超过"无为"。

既然前面已经讨论了很多"無"概念,那么该怎么理解"無为"呢?

简单地说,就是由"無"来"为之",而不是由"人"来"为之"。因此,也就越由"無"来"不为",而不是由人来"不为",这样,就有"無为無不为"了。

这样说当然过于简单,但是已经做出基本清晰的表达了。字面上是容易理解的。

讨论到此,就应该看出,老子对于"無"的理解，远不是一般人（或者一些宗教）理解的"空无""虚无"。老子概念中的"无"，除了"无法感知"以外，仍然与我们有着密切的"关系"。是什么关系呢？就是说，"无"仍然影响着人们的行为。或者说，人类的行为，（包括自然界万物的行为）并不是所谓"完全由人类自己所决定的"。可能有人会直接将这段叙述理解为"有神论叙述"，别急，听我接着说。

简单地说，人类站立在地面，就不是人类自己所能"完全由自己决定的"，我们还需要"引力"的作用。而"引力"其实是我们感觉不到的。只有我们与其他物体相作用时才能感觉到。比如宇航员在太空中漂浮状态时，他不会有任何"地球吸引"的感觉，只有他碰到飞船中的物体时才有感觉。而人在地面时，只有地面阻挡了地球的吸引时，我们才感到"引力"的作用，否则，就会与宇航员的情况一样。

好了，不必再详细地叙述那个"引力的作用过程"了。至少我们可以确定，没有"引力"，我们是不能做出"站立在地面"的行为的。

而"引力"是怎么作用到我们人类身上的呢？，很明显，只能通过"无"来作用，科学家们已经证实，世间任何二物体之间，都存在"引力"（或者"引力的作用"）。科学家只能间接测试，计算，

第三章：存在论

以及推测出"引力"的数值，却无法描述"引力的作用过程"，原因无它，正是因为我们其实是感知不到"引力"的。我们一般所说的"感知了引力"，实际上那个感知过程中人们实际感知的不是"引力"本身，而是"引力"作用之后的结果。人们只是通过哪些"结果"来推断出"引力"的某些特征。

关于这部分的讨论，我会用专门一章来进行。这里就不再详细讨论了。

我想说明的是，"无"是对我们有作用的，是在无时无刻地影响着我们的行为的。无论我们在做着什么，或者什么都不做，"无"都是在影响着我们的。这种影响是我们使用通常的"感知"功能所无法感知的，就是我们所说的"潜移默化"的。

因此，从这个意义上说，如果我们什么都不做时，这个时候我们表现出来的"行为"，就是纯粹的"无为"。而当我们有了主动意愿之后，这时我们的行为就不是纯粹的"无为"了，而是"有为和无为"的混合状况。

很明显，按照这个分析，无为就等于不为了。虽然"无"仍然在"为"，但是人是处于"不为"的状态，这显然不符合所有人的期待，也显然不是老子的原意。而且，这种状态也是不可能发生的，因此是没有意义的。

精神论

那么,该怎样理解老子的"无为"呢?实在还得花一番功夫。

其实在老子那里,所谓"无为",仍然是一种"理想状态",从另一个角度说,就是所谓"最高境界",仍然是无法实现的。尽管效果是与前面的分析结果相同,但是,我也不认为老子是主张由人的"不为",来实现他的"无为"。

在老子的思想里,"自然"是一种超级的状态。老子是主张"自然的状态"是最理想的状态。然而,老子绝非将人排除在"自然"之外的。即老子的"自然"中当然包括"人的作为"。或者可以认为,排除了"人的作为",自然就是不完整的了,也可以认为那就不是自然了。

所以,在老子的思维中,"人的作为"仍然是"无为"的一部分。如果这样思考,就可以这样说,老子的"无为",是"人与自然的关系"处于最理想状态时的情况。犹如数学里的"黄金分割0.618",人的实际作为中,存在一个"状态",那个"状态"就是老子追崇的"无为"状态。但是老子即没明说存在这个"状态",也没说这个"状态"是怎么回事,当然也不会说怎样可以实现这个"状态"。这是他留给人类的千古谜团。从心理上说,我并不期望揭开这个谜团。因为如果揭开了这个谜

第三章：存在论

团，《道德经》的生命就停止了。这当然是谁也不愿看到的。因此，我愿意在揭开谜团的路上又走近了一点，只要一点，就够了。

老子的最重要的理论是"道"。因此他的"无"思维是不能违背他的"道"理论的。虽然经过分析，会感到"无"与"道"已经非常相似了。我却不想结论"无"就是"道"。

《道德经》第三十八章这样叙述："上德無為而無以為；下德無為而有以為"

这里，老子将"无为"与"德"联系起来。老子将人的层次分为"德，仁，义，礼"，而够得上"无为"的，只有"德"的层次，"仁／义／礼"只能算是"有为"的层次。

而什么是"德"呢？《道德经》原文没有解释。最早由汉朝的王弼做了解释："德者，得也。""何以得德？由乎道也。何以盡德？以无为用。"王弼解释为"德是从道那里的获得"

但是老子却将"德"再划分为两个层次，"无以为的，是上德；有以为的，则是下德"。然而，这两个层次则都是"无为"的层次。

虽然从这段重要论述中，并不能得到很充分的根据，以支持我对于"无"理论的解释。但是，可以明确看出，"无为"是来自于"道"的，这当然是可以再理解为:"无为"是来自于"无"的。

如果转为使用今天的语言,"无为"就是"遵循客观规律"。

今天的人们,有着强烈的观念,认为掌握了客观规律之后,客观规律就可以为人类服务。这是一个非常严重的误解。按照老子的思维,人类掌握客观规律,是为了更好地遵循客观规律,更自觉地避免违背客观规律的情况,以减少不必要的损害。而绝不可能由客观规律为人类服务,变成人类驾驭客观规律的情况。那是不可想象的。

其实如同"无"一样,人类至今对于客观规律的了解非常有限。所谓"掌握了客观规律",很大程度上是人类的误解,抑或是人类的自大。如果回到老子的"无"概念,人类怎么可能掌握"无"?所以,即便是已经人所熟知的各种"规律",人类当然也远未达到"掌握(控制)"的程度。所谓"掌握",不过是人们自己的感觉而已。

举一个最简单的例子,"吃"。人类早已熟知,该吃什么东西,该吃多少,哪些吃法是对人类有害的。可是有几个人愿意遵守它呢?几乎没有人很自觉地遵守。现在人类的几乎所有疾病,都难脱与"吃"的关系。如果我们还认为"已经掌握了吃的规律",是不是有些可笑。人类至今所遭遇的各种"灾害"的损害,当然不是"客观规律"要惩罚我们,只是因为我们"违背了客观规律"。

关于"无为",我一定要举这个例子:

比如"脏",只要有人的地方就有"脏",当然也有"干净"。

可是,没有人的地方,就没有"脏",即便有时也会产生一些我们认为的"脏",但是大自然会"自动地"恢复到自然状态。而这种"自然恢复"跟我们人类的"打扫"是绝对不同的。

所以,人类的"打扫"就是"有为",而大自然的"自然恢复"就是"无为"。人类的"有为"自然要"有不为",而大自然的"无为",则自然"无不为"。

3.8 "不存在"其实只能就是"未被感知的存在"

现在可以结论:人类只能以自己的"感知"来确定"存在","被感知"的就是"存在","未被感知"的就是"不存在"。

人们在日常生活中,仍然可以认为"未被感知的,不一定就是不存在",而上升到哲学层次,就不能这样论述了。

精神论

从哲学的意义上看，不能随意使用"不一定"概念。即"不一定不存在"是一个哲学意义很不严谨的叙述，严格说，"不一定不存在"根本就是等效于"不存在"的。所以，如果是在哲学层次讨论问题，用"不一定不存在"来否定"不存在"是逻辑不通的。

从哲学层次上看，将"未被感知的"称为"存在"是很严重的事情。从逻辑上说，该如何推论这个结论呢？

本来，"不能被感知的，就是不存在"，或者，"不存在当然是不能被感知的"，这是已经十分清晰的概念了。否则，谁敢说他能感知到"不存在"？

而"未被感知的，不一定是不存在"，则将局面彻底搅乱。尽管很多人会接受这个观点，但是哲学家就必须清楚这点，决不能混淆。哲学家不能使用"未被感知的不一定是不存在"的说法作为哲学理论的叙述。

很明显，"不存在是不能被感知的"与"未被感知不一定是不存在"是矛盾的，作为哲学家，不能同时同意这两个观点。

有人质疑：人类出现之前，现在的所有"存在"难道都"不存在"吗？

这里必须明确：质疑中所说的"存在"，无疑

第三章：存在论

仍然是已经为现在人类所感知了的"存在"。我们能够确定的所谓"人类产生之前即已经存在的客观世界"仍然只能是今天我们实际所感知了的那部分客观世界。

这个质疑当然无法涉及至今我们仍然无法感知的那部分客观世界。就是说，如果我们今天仍然不能确定的那个"客观存在"，你当然不能用它作为证据来进行任何质疑。

而实际上，这个质疑得以成立的唯一条件，却恰恰是因为我们"已经感知到的那部分客观世界"。如果没有这个条件，人们根本就不能提出这个质疑。

3.9 已知物质之未被感知的部分

所谓"存在即被感知"，当然仍然必须包括我们已经感知了的具体物质。

这句话的意思是说，我们已经非常熟悉了的日常物质，仍然符合这个定理。比如一只茶杯，它之所以被定义为茶杯，当然是因为我们全部的感知能力只能感知到"茶杯"的部分，这只茶杯还有"其他我们尚未感知的部分"吗？答案当然是肯定的。我们通常会认为"这只茶杯没有作为茶杯的以外的部分"了，原因无他，只是因为我们的感知能力限度就到此了，我们无法感知到这个茶杯以外的任何内容，也正因为如此，我们通常就称"这只茶杯以外，不存在其他内容"，这当然是在说明，我们通常所说的"不存在"，正是因为我们"感知不到任何其他内容"。

反对"存在即被感知"观点的人们，通常一定会坚持"你感知不到的，未必是不存在"。

很明显，他们自然解释不了这个问题："茶杯之外还有什么吗？"。就是说，当遇到这个具体问题时，他们也会毫不犹豫地断定"茶杯之外，别无他物"。此时，我是否可以反问：茶杯之外，别无他物，是因为你确定"别无他物"，还是你"不知道还有他物"呢？

如果他回答"我确定茶杯之外别无他物"，那么，他自然应该给出证据或者证明，以说明他的结论是言之有据的，但实际上，他是无法给出任何证据和证明的。此时，当然已经产生问题，给不出证据或者证明的，如何让人们相信呢？

必须补充一下，这一段关于"茶杯"的论述，我的本意是：作为"茶杯"的这个物体，是否还存在"其他部分"，而这个"其他部分"是我们不能感知的。比如我们可以设想，在茶杯的把上，还有

第三章：存在论

另外一个"把"，姑且称它为"把2"，但是这个"把2"是我们不能感知的（或者叫"尚未感知的"），即便我们先承认这个情况，我们是否还需要回顾一下那个结论"你未感知的，未必就不存在"，从这个结论出发，我们当然无法否定"把2"是存在的，起码是"可能存在"的，只是我们现在还"无法感知它"而已。而如果接着这个思路推下去，这个"茶杯"就可以无所不包了，我们可以推论它"可能包含"任何一种客观物质，只要加上条件"我们尚未感知"即可。而这种"我们尚未感知的无所不包的物质"对我们有什么意义呢？无论如何，这些"我们尚未感知的客观物质"与"不存在"没有任何差别，通常，我们只能说"茶杯之外，别无他物"，我们当然没有任何必要去设想那些"可能存在的物质"。犹如前面曾举例：屋里没人，就是没人，你不必设想"屋里可能有你尚未感知的人"。

说到这里，其实可以回顾一下前一章"象论"中的观点。客观物质中我们无法感知的部分，与盲人手中的象的情况类似。盲人是无法产生任何"象的视觉形象"的概念的，"象的视觉形象"对于盲人来说，就相当于上面所举例子中茶杯的"把2"对于我们的情况。因此，其实对于盲人来说，任何

"视觉形象"都是"不存在",是对于盲人而言的"不存在",原因无它,正是因为盲人"无法感知到"而已。

而这个问题之所以会引起至今尚不会停止的争论,其实是因为人类有一个非常固执的弱点,就是不能严格区分眼前的对于人们的具体情况,和对于所有人都抽象的情况。因此哲学家在做"对于所有人都抽象的情况"时,人们往往仍然用"对于人们的眼前的具体情况"来进行判断,或者将两者进行无理由的混淆。而此时的所谓"争论",用中国一个成语形容,就是张冠李戴,也因此,这个争论就只能无尽无休了。

第四章:实元论

4.1 "实元"初说

"实元"是我对这个客观现实的命名。

"实元"的客观现实标志之一是"引力"。
而"引力"就是"万有引力"。
由于"引力"已经成为完全意义上的物理学词汇,我认为,"引力"也的确从物理学角度恰当地描述了"实元"的这个方面,所以,不能沿用"引力"词汇。从本质上说,"实元"并不是"引力",犹如我们认为"手"不是"人"。
选择"实元"有"实际的原本"之意。

4.2 关于"引力"

"实元"理论,本就始于"引力"理论,因此,叙述"实元"理论,只能从"引力"开始。

"引力"就是科学家们提出的"万有引力"理

论。

按照这个理论，"引力"具备一些与"力"相同又不同的性质。

1. 引力是"万有"的，世间任何具备质量的物质都具有"引力"。

2. 引力是"万向"的，任一"物质体"是同时对任何其他物质体具有"引力"的。在实用上，只要有"质量""质心距离"，就可以实际计算出两物质体的"引力"具体量值。

从此点出发，"引力"又必须是双方同时互有的。就是说，物质体本身并无"引力"意义。

所以，也可以认为"引力"是物质体对"他物质体"的作用，也因此，"对他物质体的作用"也同时是它本身所接受的"他物质体的作用"。

3. "引力"的量值只与二物体的质量和距离相关，就是说，二物体之间的引力与二物体之间的其它物体无关。如果用图示表示，二物体之间的引力无论大小和方向都不受二物体之间其他物体影响。方向就是永远指向二物体的质心。

有一点必须着重强调一下，比如远在地球两侧的两个人，理论上二人之间的"引力"是的确存在而且可以计算出来的，这个"引力"的方向只能是二人质心的连线。与二人之间的千山万水统统无关。

第四章：实元论

4.3 关于"力"

在讨论"引力"的其他特性之前，应该先讨论一下"力"。

"在物理學中，力是任何導致自由物體歷經速度、方向或外型的變化的影響。"（这是维基百科查阅"力"词条的内容）。"维基百科"中还给出了目前物理学界确定的四种"力"：强力，电磁力，弱力，重力。

我的理解，"力"必须与"受力物体运动的方向和速度的变化"相关。如果不看"重力"，则可以结论，如果物体运动的方向和速度不发生变化，这个物体就没有"力"作用于它。

即只有"重力"的情况是特殊的。"重力"是永远存在的，无论受力物体的运动状态是否发生变化。

所以，"重力"是所有"力"中的特例。比如前面曾经举例，地球两侧的两个物体之间绝没有任何前三种力，却的确仍然存在"引力"（"重力"的另一种表现形式）。

4.4 "实元"不是"力"

从前面关于"引力"和"力"的讨论可以明显

看出，"引力"（重力）是非常特殊的一个力。即它几乎完全不同于其他力。

其实，除了具备某些"力学特征"外，"引力"（重力）其实并不是一般意义上的力。犹如"手"也具备人体的各种特征，但"手"并不是"人"，我们当然不会因为"手"与"人体"有许多相同的特征而认为"手"是"人"，同理，"引力"虽然也表现出一些"力学特征"，但它却同时表现出太多的"非力学特征"，因此，不能将它归于"力"。至少，我们不能仅在力学（物理学）领域对它展开研究。

从物理学（力学）的基本理论出发，远隔千山万水的两个物体是不能有"力学关系"的，而且所有"力学理论"都是认为"所有物体"之间的"力"是必然互相影响的，而"引力"却是"仅发生于二物体之间"，二物体之间的其他物体并不对"二物体的引力"产生任何影响，这完全不符合基本力学的概念。

如欲解释为何"引力"会有如此性质，只有"引力并非力"的解释可以说服人们。

从"基本力学理论"出发，力还必须是"矢量"，所谓"矢量"，当然不能同时又是"万向"的。除了"引力"，任何其他力都不是"万向"的。因为这与力学的基本理论冲突，或者叫相悖。

第四章：实元论

4.5 "实元"是什么？

"实元"物质之间的"本源关系"之一。

人们通常会推测世间的各种物体之间一定有某种"联系方式"，而"实元"刚好符合人们对那个"基本联系方式"的所有要求。

从"本源"概念出发，它同时也表现出"力学特征"就不奇怪了，这是"必然"的。

"实元"是世间物质之间的"基本关系"，世间物质因此而得以"相互联系"。

既然称为"关系"，因此"实元"自然不是"物质"，至少不是我们一般概念中的"物质"。

但如果将其界定为"关系"之后，就自然可以解释为何距离如此遥远的二物体之间仍然有"引力"存在了。而这个"关系"，当然无关于二物体之间的其他物体。

4.6 "引力"理论的问题

1. 如何确定"质心"？

由于像"两个人"这样的"二物体之间的引力"

太小，微乎其微，所以，人们并不考虑这种"引力"。因此，也就没有"二个人的质心如何确定"的问题出现。

而实际上，当大到"二星体之间的引力"的时候，其实"质心"仍然已经不是问题了。

这样，所谓"质心"其实本来就是一个"假问题"。几乎所有"二物体之间的引力"其实都不需要那个"真实的质心"的。

如果的确较真的话，一个人的"质心"几乎是无法确定的，即便我们选择一种近似确定的方法，使用这个方法确定的每个人都"质心"都是不一样的，有些人可能靠近心脏，有些人可能靠近腹部。

2. 为何一定只能是"二物体之间的引力"？

首先，科学家们已经经过证明得知，任何"三物体之间的引力关系是无限复杂的"。科学家们已经确定，"三个（及以上）物体之间的引力"是无法计算的。

所以，所谓"二物体之间的引力"是科学家们唯一可能经过推论而得出计算公式的关系。

就是说，所谓"二物体之间的引力"，只能是"忽略其他物体的影响"的前提下来推算的。

所以，所谓"二物体之间的引力"本质上只是一个"假设"，并非真实情况。

第四章：实元论

3. 如果二物体在进行无规则的运动时，二物体之间的引力为何？

例如两个人之间的引力，一定是随着二人的运动而随时变化着的，因为二人之间的距离在变化。

4. 所谓"二物体"，该如何界定？

这里的"二物体"，其实是所谓"惯性参照系中的任意两个物体之间"。

按照这个定义，其实每个物体又可以分别视为"两个物体"的，任一"物体"的两个"部分"之间仍然应该存在"引力"。

这样，"引力问题"就会无限复杂化了。

比如，人体是由众多器官组成，所以，各个器官之间（比如肺和心脏之间）也必须有引力存在，而实际上，这种引力是无法应用引力理论而计算出来的，至少我们无法定出二者的"质心"位置，而所谓"质量"其实也几乎计算不出来。

而这样推论下去，组成任何"物体"的"物质"就可以出现任意多的"二物体之间的关系"了，只要我们将"物体"逐渐地"细分"下去即可。

人们会说，这种情况下的"引力"对于我们其实是没有任何意义的，因此我们当然可以忽略不计它们。

但是，必须说明，人们所说的"没有意义"，只是在"物理学意义"上是没有意义的，是可以忽略不计的，而作为"客观存在"，我们是不能将"引力"定为不存在的。

而此时的"在物理学意义上的应该忽略不计的"，正说明"引力"只能在"物理学"范围内有意义，出了"物理学"，"引力理论"几乎可以认为是没用了。因此，离开"物理学"，当然不能仍然沿用"引力"概念了。

5. 在所有"力学理论"中，由"力的作用"而连接的物体之间是不能再加入其他物体的。至少在进行计算时是这样。两个受力物体之间的其他物体势必要影响到这个"二物体"的实际受力状态。

唯有"引力"为例外。

"引力"的这个例外当然是违背所有力学理论的。因此，其实"引力理论"是另外一种"理论"，或者另外一种力学理论，比如可以单独列为"引力理论"而区别于"力学理论"

6. 所有力学理论中的"受力"（或者"力"），都是"一个过程"，即作为"过程"，是有"起点"和"终点"的，不是"连续不断"的状态。无论在时间上还是空间上都是如此。

而"引力"则不然，"引力"其实是"物质的

第四章：实元论

本性之一",是当然自然存在的,与时间和空间无关。即"引力"不是"一个过程",这当然又是违背一般力学理论的。作为"引力",它只与"物体的质量和距离"有关,与物体的运动状态无关。这个性质,只能理解为引力是超出力学范畴的,仅用力学理论其实无法解释清楚的。

4.7　实元与场的区别

实元当然具备物理学中"场"的性质,或者说实元也有场的特征。

然而,实元与场有着根本的区别。

物理学中的所有"场"都具有"可以被隔避"的性质。比如"电场",可使用绝缘物质,"热场"可以使用隔热"物质","磁场"可以使用隔磁物质将它们"隔断"。

就是说,物理学中的各种"场",虽然都与"实元"有着大致相似的"物理状态",但它们有可以"隔避"它们的其他物质。

而"实元"是无法"隔避"的,没有任何物质可以隔避实元。即便我们公认的"引力场"也是无法"隔避"的。所以,"实元"(引力)才是真正的"无时无处不在"的。无论何时何地,"实元"是永恒的。所以,实元才是真正的"不生不灭"。

精神论

4.8 实元与道

中国著名古典著作《道德经》，提出了著名的"道"理论。两千多年来，中国的历代学者们对"道"作了各种各样的描述，意见从来就没统一过。所以，可以结论，我们实际上至今仍然无法明确描述"道"的状态。

在《道德经》原文中，老子有"上善若水"的描述，老子唯一对"道"的可以有形象的描述就是"水"，老子认为"水"是"几于道"。

除此之外，老子对于"道"的描述就是：

道冲而用之，或不盈。渊兮似万物之宗。

视之不见名曰夷。听之不闻名曰希。抟之不得名曰微。

道之为物惟恍惟惚。惚兮恍兮其中有象。恍兮惚兮其中有物。

有物混成先天地生。寂兮寥兮独立不改，周行而不殆，可以为天下母。吾不知其名，强字之曰道。

而"实元"几乎可以满足所有老子关于"道"的描述。所以，将"实元"与"道"联系起来，是再自然不过的事情。

从这个意义上讲，从"实元"概念来理解"道"，有着相当的意义。

第四章:实元论

或者,"实元"是我们可以"感知"得到的"道"的部分。而这个"感知得到"中,最重要的就是"引力"。或者,也只有"引力"。

从这个意义上说,"引力"的被发现,当然远远超出"物理学"范畴,也超出"科学"范畴。

(所以,我必须多说几句,当我最初提出"引力"观念的局限性时,几乎所有人都认为我是在否定"引力理论",现在依然觉得哭笑不得)

所以,我认为,"实元"就是"道"的我们可以感知得到的内容。

从"盲人摸象"理论出发,可以说"实元"是"道"。

从"盲人摸象"的理论出发,又必须说:"实元"不是"道"。

所以,我只能选用"实元"名称,因为它不是"道"。

而且,我也不能完全确定"实元"的确是"道"的可以为人们感知的部分。即便我可以百分之九十九地确定。

4.9 "实元"将世间万物真正地"联系"起来

精神论

其实"引力"已经表现出了这个特点,只是"引力"只能局限于物理学范畴。而对于我们日常的行为来说,"引力"通常是被"忽略不计"的,这样,"引力"就等于对我们的日常行为是"没有关系"的,而这正是"实元"理论与"引力"理论最重要的区别了。

所谓"忽略不计",是将"实元"的物理学方面的作用忽略不计,却不能将"实元"忽略不计。

而这个所谓"联系",真的可以是"无处不在,无时不在,无所不包"的。

比如小到原子之间,大到各种天体之间,统统由于"实元"而相互"联系"着。

关于这个"联系",人类从来没有放弃过对它的探索,出来一些专门的理论,当然也包括许多猜测,和许多传说。

魔术表演中有"心灵感应"的表演,有些气功理论中有"他心通"的功夫境界,甚至所有宗教中的"神明",都可以应用"实元"理论而得到相应的解释。

最重要的是,人们已经实现的各种行为,比如"药物对人体的作用""环境对人类的作用"甚至

第四章：实元论

"心理学的许多实例"其实当然已经是"实元"理论的范围之内的。

4.10 "实元"理论的哲学意义

实元理论可以很自然地与"本体论"连接。"实元"当然已经具备了相当部分的"本体"的特征。我并不认为"实元"就是本体论所讨论的"本体"，但是，可以确定，"实元"必定与"本体"有着某种关系。如果我们认为它还不是"本体"，我们当然可以认为它是"本体"的某个部分。比如摸象的盲人所摸到的象的某个部分。

或者，从"实元"出发，可以对"本体"进行某种再深一步的探讨。即"实元"可以是"本体论"的一个新的起点。

后记

本书成书的过程中,获得了好友张林祥,易世杰,龙再天的积极帮助,在此特别表示谢意。

作者:王家辉
2018 年 5 月 于纽约

www.ingramcontent.com/pod-product-compliance
Ingram Content Group UK Ltd.
Pitfield, Milton Keynes, MK11 3LW, UK
UKHW041945230426
12048UKWH00008B/143